"两弹一星"元勋

故事丛书

王大珩：
向光而行

WANGDAHENG XIANGGUANGERXING

马晓丽 （著）

青海人民出版社

图书在版编目（ＣＩＰ）数据

王大珩：向光而行 / 马晓丽著 . -- 西宁：青海人
民出版社 , 2024.6
（"两弹一星"元勋故事丛书）
ISBN 978-7-225-06716-2

Ⅰ . ①王… Ⅱ . ①马… Ⅲ . ①王大珩（1915-2011）
－传记－青少年读物 Ⅳ . ① K826.11-49

中国国家版本馆 CIP 数据核字 (2024) 第 058537 号

"两弹一星"元勋故事丛书

王大珩：向光而行

马晓丽　著

出 版 人　樊原成
出版发行　青海人民出版社有限责任公司
　　　　　西宁市五四西路 71 号　邮政编码：810023　电话：（0971）6143426（总编室）
发行热线　（0971）6143516 / 6137730
网　　址　http://www.qhrmcbs.com
印　　刷　青海雅丰彩色印刷有限责任公司
经　　销　新华书店
开　　本　890 mm×1240 mm　1/32
印　　张　6.375
字　　数　122 千
版　　次　2024 年 6 月第 1 版　2024 年 6 月第 1 次印刷
书　　号　ISBN 978-7-225-06716-2
定　　价　30.00 元

向光而行

他个子不高，略显清瘦，彬彬有礼，神态平和，从外表上看不出有什么特别之处。但他喜欢穿西装，喜欢一丝不苟地扎领带，这就令他于举手投足间不经意地透出了一股儒雅的英伦气派。

表面上看他只是个普通的老人，视力很弱，只能借助放大镜去看，听力也很弱，得借助着助听器来听。但若与他攀谈起来，你就会发现他思维极其敏捷，头脑依然灵活。

90岁时有记者采访他，问到年龄时他是这样回答的：我是2月22日的生日，今天是12月20日，距离我的生日还有67天，用365天去除，这样子算起来我现在的岁数应该是90.82岁。记者惊讶，问他怎么会把年龄算到这么精确。他微微一笑，说："好像脑子里面一过，这些数字就出来了。"

到了这时，你就会看出他不是个普通的老人了。

没错，他的确不是个普通的老人。在共和国60多年的科技史上，许多的"第一"都与他的名字有关：

他是中国光学学会的创始人之一，是中国光学学会的第一届理事长；

他是中国仪器仪表学会的创始人之一，是中国仪器仪表学会的第一届副理事长；

他是中国计量测试学会的创始人之一，是中国计量测试学会的第一届副理事长；

他是中国第一批科学院院士；

他是中国第一批工程院院士；

他是国际光学工程学会的第一位中国委员；

他是国际计量委员会的第一位中国委员；

他是第一批被国际宇航科学院当选为院士的中国科学家；

他创建了中国第一个光机研究所，并担任了第一任所长；

他创办了中国第一所光学专业高等院校，并兼任了第一任校长；

他创办了中国第一个光学刊物《光学学报》，并担任了第一任主编；

他组织领导熔炼出了中国的第一炉光学玻璃，研制出了中国的第一台电子显微镜、第一台红宝石激光器和第一台大型光学电影经纬仪；

他参加了中国第一颗原子弹的研制试验；

他参加了中国第一次向南太平洋发射远程运载火箭的研制试验；

他参加了研制中国第一颗人造地球卫星（东方红号）的方

案探讨；

他曾荣获英国科学仪器协会第一届青年仪器发展奖；

他曾荣获国家首次颁发的科技进步特等奖；

他曾荣获首届何梁何利基金科学与技术成就奖；

他曾荣获国家唯一一次颁发的"两弹一星功勋奖章"……

他，就是新中国光学事业的奠基人，被誉为中国光学之父的应用光学专家——王大珩。

目 录
contents

目　录

contents

目　录

contents

目 录
contents

第一章 "863 计划"第一人

里根总统的一个喷嚏，
引起了一场世界性的大感冒

1986 年 3 月，北京已经悄悄地从料峭的寒冬中走了出来。当一阵暖似一阵的轻风在城市的上空鼓荡的时候，淡淡的春意便开始在大街小巷中悄然流淌起来。流淌着的春，随心所欲地信手涂抹着新绿，在树梢草尖的嫩叶上，在来去匆匆的脚步声中，在人们流盼回顾的笑容里。

此时，王大珩正低着头走向等候他的一辆老式的伏尔加轿车，一声不吭地拉开车门就钻了进去。

司机师傅有些发愣，他从来没见过王大珩这个样子。在司机师傅的印象中，王大珩总是温文尔雅极讲究礼貌礼节的。往常，不管有什么急事，他总是微笑着先与司机打过招呼再上车。但今天王大珩的神态似乎有些异样。

司机师傅保持着平缓的速度，不急不躁地开着车。他知道只有车里才是王大珩最好的休息之处，因此，他并不急着把他送回家。他希望王大珩能在他的车里多睡一会儿。车队的司机都知道王大珩能睡，而且是闭眼就能睡着。只是，谁也说不准这一手是老先生天生的本事呢，还是累出来的毛病。反正大家都知道，只要王大珩一上车，过不了两三分钟准会响起鼾声。司机师傅当然一口咬定是累的。他给王大珩出车最多，出入王大珩家的次数也最多，他心里有数。他早已习惯了在王大珩那均匀的鼾声中不急不躁地开车了。

突然，司机师傅觉得有点不对劲儿，走了好半天，怎么一直没听见鼾声。他诧异地回头看了一眼，发现王大珩端坐在座位上，毫无睡意地微蹙着眉头，正默默地注视着窗外。老先生的神情显得很专注，仿佛是被什么东西吸引住了。司机师傅不由自主地顺着王大珩的目光向外面望去——却只看到了潮水般蜂拥而过的自行车流。

王大珩其实什么也没看，他的思绪还停留在刚刚结束的对美国"高边疆战略防御计划"的研讨会上，还停留在对这类研讨会每每述而不作的失望之中。有很长一段时间，王大珩一直处于焦虑之中，一种强烈的紧迫感紧紧地攥住了他的心，让他挥之不去，越来越感到不安。

王大珩心里清楚，这一切都是由三年前里根总统那场著名的"星球大战"演说引起的……

三年前，在著名的白宫椭圆形办公室中，里根总统对着摄像机沉默的镜头，露出了他那特有的充满自信的微笑。这一天是1983年3月23日，这位美国历史上年纪最大的总统，正准备把此刻载入史册。

里根是凭借20世纪70年代到80年代初美国的国际地位空前低落的政治背景，高喊着"重振国威"和"重整军备"的口号上台的。上台以后，他一直在寻求一种能扭转军事力量对比中对美国不利的趋势，重新获取对苏联军事优势的有效方法。眼下，里根总统有充分的理由相信，自己已经找到了走出迷宫的道路。他想以一种造成轰动效应的方式，把自己的计划公诸于世。

演员出身的里根总统喜欢这种方式。环顾身居其中的椭圆形办公室，总统不由在心里与自己的前任们作起了比较：

——20世纪40年代初，就是在这间办公室里，罗斯福总统制定了著名的"曼哈顿计划"。"曼哈顿计划"针对在原子裂变领域处于领先地位的德国，历时四年，耗资20亿美元，终于以美国试爆成功第一颗原子弹而宣告成功。"曼哈顿计划"最终导致人类战争历史进入了核武器时代。

——20世纪50年代末，也是在这间椭圆形办公室，艾森豪威尔总统又制定了著名的"阿波罗计划"。这是一项为赶超苏联先进的航天技术而制定的人类登月行动计划。"阿波罗计划"投资300亿美元，动用了40多万人。1969年7月21日，"阿波罗11号"宇宙飞船登上月球，从此揭开了人类进入空间时代的序幕。

——今天，还是在这间椭圆形办公室里，里根作为美国的第四十任总统，将向全世界宣布一项远比"曼哈顿计划"和"阿波罗计划"庞大得多的新的计划——"战略防御计划"。虽然目前还不能确定这项集一切尖端技术之大成的"战略防御计划"是否会如他所希冀的那样，完全能够达到所预期的目标，但无论结果如何，总统已经预感到，这项出自他手的迄今为止最为恢宏的大战略计划，必将在世界范围内掀起一场前所未有的飓风。

总统期待着……

时间到了。里根总统的微笑出现在电视屏幕上。曾经是美国中西部最著名的体育节目播音员的里根，声音依然动听：

> ……由于核武器令人生畏的破坏力，我们必须谋求另外一种遏止战争发生的手段。……我宣布，我已决定为实现这个目标迈出重要的第一步，下令制定一个全面深入的研究计划——战略防御计划，这个计划的目的在于最终消除由携带核弹头的弹道导弹所造成的威胁。

> 让我同大家一起来设想一个带来希望的未来，那就是制订一项计划，用防御性的手段来对抗令人生畏的苏联导弹的威胁。让我们求助于技术的这样一种力量：它曾萌生了我们伟大的工业基础，给予了我们今天享有的生活质量。

我号召我国科学界，那些给我们造就了核武器的人们，现在把他们的伟大才智转向人类和平事业，向我们提供使这些核武器失去作用和陈旧废弃的手段！

这就是里根总统著名的"星球大战演说"。

世界上所有敏感的政治家们在这一刻都睁大了眼睛，他们从里根总统的演说中迅速捕捉到了一个极其重要的信息：

世界将产生变化！

人类社会将发生动荡！

每个国家和民族都将面临新的抉择！

——前苏联

里根总统"星球大战演说"的第三天，莫斯科立刻作出反应。

3 月 26 日，安德罗波夫出现在记者面前，以答记者问的方式指出："美国'星球大战计划'的根本目的，是想使苏联在美国的核威胁面前解除武装。"

这位苏共中央总书记用前所未有的强硬口气说："谋求对苏联军事优势的任何企图都是徒劳的！苏联从来不允许这样做，从来不会对任何威胁毫无防备。但愿华盛顿会好好领会这一点。"

此后，苏联开始积极活动。一面在国际上广造舆论声势，对美国的"星球大战计划"予以谴责，一面利用各种机会在西欧国家中进行游说，争取他们站到反对的立场上来。同时，苏联还在联合国不断提出新的议案，为"星球大战计划"设置各种障碍。

在此期间，苏联的领导人虽然两度更换，但对美国的"星球大战"计划却始终一致地保持了安德罗波夫式的强硬口气。

——法国

这是一个在西欧国家中最具独立意识的国家。

法国总统密特朗素有欧洲最有文化修养、最具博学多才的国家元首之称。他不仅酷爱文学、喜欢史地、迷恋音乐，还有着超凡的坚韧意志。这位"二战"时期曾进过德国集中营的老兵，对太空军事化倾向始终持反对态度。"星球大战演说"之后，密特朗总统就针锋相对地告诉里根，法国对美国的"星球大战计划"不支持、不参加。

密特朗总统很清醒。他知道西欧国家需要的是东西方的低均势，而不是不断升级的军备竞赛。西欧地处对抗的最前沿，是全世界核武器、常规武器、军事人员与装备最集中的地区，也是美国和苏联军备竞赛，尤其是核军备竞赛轮番升级的地区。这里不仅是双方规模最大、武器装备最现代化的军事演习场，更是可能成为美苏随时向对方显示武力的战场。美国的"星球大战计划"势必激化美苏矛盾，从而使西欧国家卷入一个新的更加动荡的漩涡之中。如此下去，西欧国家的低均势战略将不复存在，灵活反应战略也将名存实亡，英、法有限核力量的作用将削弱，军备控制谈判将更加渺茫！

西欧面临挑战!

法国面临挑战!

密特朗总统意识到历史又一次把法国推向了西欧政治舞台的中心,把自己推到了领衔主演的重要位置。

这是一个机会,是所有政治家都希望能出现在自己政治生涯中,以充分展示自己政治才华的一个绝好的机会。没有一个优秀的政治家会轻易放弃这个千载难逢的机会!

1985 年 4 月 17 日,密特朗总统在经过认真的酝酿之后,向西欧喊出了一声响亮的"尤里卡"!

"尤里卡"是古希腊语,意思是:"好啊!有办法了!""尤里卡"是因为古希腊学者阿基米德而著名的。相传,有一次阿基米德在浴盆中洗澡的时候,突然来了灵感,发现了他久未解决的计算浮力问题的办法。他惊喜地大叫了一声"尤里卡!",立刻冲出浴盆,不顾一切地跑到大街上,赤身裸体地向每一个遇到的人讲述自己的发现。著名的阿基米德定律便从此产生了。

整个西欧都听见了密特朗总统的喊声:"好啊!我有办法了!"

然而,整个西欧都会赞成密特朗总统的办法吗?

——英国

唐宁街 10 号的态度多少显得有些暧昧。

3 月 28 日,英国《金融时报》发表文章,以明显不赞成的语气指出:"'星球大战计划'不会导致一个没有核武器的世界，而将使核力量对比更不稳定，使武器竞赛升级。"

随后，英国外交大臣杰弗里·豪疑虑重重地说出了一句意味深长的话："也许，'星球大战计划'只不过是一道'21世纪的马其诺防线'。"

撒切尔夫人的心情有些矛盾，但她显然很在乎同美国的"特殊关系"，也认为美国应该在太空武器的研究上赶上苏联。经过长时间的权衡之后，撒切尔夫人终于向美国发出信号：否认她同里根总统在这一问题上有分歧的说法，表示她认为美国在太空武器方面所进行的新的研究不但自然而且明智。此后，撒切尔夫人的态度突然变得异常积极。她多次利用访美机会向里根总统传递信息，表达伦敦愿意参加"星球大战计划"的愿望。当《华尔街报》记者采访她时，撒切尔夫人甚至有些过分地显示出她对此的热情，她说："如果我们能够直接参与美国人的这一计划，我将感到很高兴！"

但是，在最后的阶段，英国却戏剧性地突然转向了法国提出来的旨在对付美国"星球大战计划"的"尤里卡计划"。

1985年6月2日，距17国联合签署"尤里卡计划"的巴黎会议只有一个多月的时候，英国外交部发言人突然宣布，英国已通知法国，打算支持欧洲的技术倡议，以对付美国的"星球大战计划"可能会造成的人才枯竭……

——联邦德国

科尔总理一直犹豫不决。

在美国的"星球大战计划"和法国的"尤里卡计划"之间，

联邦德国的态度显然是至关重要的。

由于处境不同，联邦德国似乎更多地需要美国的核保护。因此，科尔一度对"星球大战计划"期望较大，把它看成是欧洲的一个"历史性机会"。科尔总理曾在波恩首脑会议上公开表示愿意参加"星球大战计划"的研究，这曾导致德、法关系被一度蒙上了阴影。

但联邦德国内部意见极不统一，有相当一部分人对"星球大战计划"持反对态度。在科学家中间反应尤为强烈，甚至还出现过两次大规模的抵制行动。第一次是350名科学家联名致函科尔，表示拒绝参加美国太空计划。第二次是由13000名科学家签名，表示将拒绝参加美国"星球大战计划"的有关工作。

在犹豫不决之中，科尔派出国家安全顾问特尔契克率专家组访问美国，以求进一步了解"星球大战计划"。特尔契克的报告令科尔很失望。科尔发现，美国所谓邀请盟国参加其"星球大战计划"，实际上是要以承包商的形式同欧洲公司直接建立纯商业关系，而不是与之共享尖端技术，更谈不上政府间的全面合作。科尔终于清醒了，几乎是在最后的一刻，联邦德国毅然转向了法国。

1985年6月21日，联邦德国内阁宣布支持法国"尤里卡计划"的同时，还宣布了不以政府的名义参加美国的"星球大战计划"。

——日本

日本人对来自美国"星球大战计划"的邀请，显示出一种超乎寻常的热情。中曾根首相在国会答辩中表示："对'星球大战计划'提供合作问题，将依据1983年两国就向美国提供武器技术所达成的一揽子协议进行，必要时也可以考虑派遣技术专家。"

但是，日本对其参加美国"星球大战计划"的研究情况始终秘而不宣。就日本技术力量的发展和其一直追求成为政治大国的意向来看，日本人绝不是没有自己的想法的。近年来，日本的宇宙开发越来越朝大型化发展，谁能肯定这期间真的没有"隐藏着军事战略的远大设想"呢！

日本跃跃欲试。

里根总统的一个喷嚏，引起了一场世界性的大感冒！

世界行动起来了，中国怎么办？

正值下班的高峰期，大大小小的车辆首尾相接，吃力地在快车道上爬行。几乎每个主要路口都在塞车，北京的交通是越来越显得拥挤了。

王大珩收回目光，随手翻开了手里的会议材料。

自从里根总统的"星球大战"演说发表以后，国内各方面反响十分强烈。从 1983 年起，国家有关部门就多次组织专家学者，从各个方面对"星球大战计划"进行分析、研讨、论证。专家学者们普遍认为：从表面上看，"星球大战计划"只是一个重点针对苏联军事威胁的战略防御计划。然而，就此计划囊括了大批新兴尖端科学技术这一点看，其间除了军事目的外，还有其深远的政治目的。美国试图通过"星球大战计划"的实施，促进国防科技的发展，进而带动高新技术和国民经济的全面振兴，以确保美国在世界军事、政治、经济中的优势地位。换句话说，美国是企图利用"星球大战计划"在高科技领域独占鳌头，最终达到抢占 21 世纪战略制高点的目的。

目前，在这一问题的认识上各方面早已达成了共识。但是，在我们应该采取什么对策这个问题上，却仍存在着分歧。

一种意见认为：我们也应该搞。理由是，在科学技术飞跃发展的今天，谁能把握住高科技领域发展方向，谁就有可能在国际竞争中占据优势。我们不能轻易放弃这个机会。

另一种意见则认为：以我们的国力来看，目前还不具备全面发展高科技的经济实力。现在他们搞高科技，我们可以先搞短期见效的项目。等他们搞出来以后，我们也有了经济实力，就可以利用他们的成果了。

这一类研讨会王大珩参加得多了。每参加一次，王大珩的心中都会平添几分焦灼，增加几分沉重。世界上关于"星球大战"的话题已经沸沸扬扬地吵了整整两年了。两年间，特别是在刚刚过去的 1985 年里，整个世界几乎都行动起来

11

了。各式各样附和或针对"星球大战计划"的对策纷纷出台：日本首先制定了"今后十年科学技术振兴基本政策"，西欧17国联合签署了"尤里卡计划"，苏联及东欧制定了"科技进步综合纲要"，印度发表了"新技术政策声明"，韩国推出了"国家长远发展构想"，南斯拉夫也提出了"联邦科技发展战略"……

在短短一年多的时间里，就有这么多国家争先恐后地相继出台科技发展战略大举措，这在世界发展史上是前所未有的。1985年也因此而成为举世瞩目的"星球大战年"。现在，当时间已经走到了1986年的时候，中国面对的问题仍旧是：怎么办？

这能不叫人着急嘛！

在刚刚开过的研讨会上，人们仍旧是各执己见，王大珩真有些耐不住了。王大珩发言时显得有些激动。他在这个问题上始终是持积极态度的，他认为这是一次世界性的高科技发展机会，中国应该把握住这个机会，应该积极参与世界性的高科技领域竞争；他认为我们不应该再延误时机了，有关方面应该尽早出台相应的对策；他认为虽然发展高科技需要投入大量资金，而我们现在囊中羞涩，但投入是发展所必需的。

情绪激动时的王大珩与平时比简直是判若两人。平日里，王大珩是个典型的儒雅温和的好老头。眼镜常常滑落在鼻尖上，眼睛总是在镜片后面和善地微微眯缝着。然而，一旦情绪激动时，王大珩那眯缝着的双眼就会突然睁开，炯炯地射出睿智的光。这时，你就会看到另一个王大珩：一个容易激动的、有个性的人；一个始终关注着世界科技发展前沿的学者；一个站在全局高度为国家决策提供科学思维的战略科学家。

此刻，王大珩心中有一种感觉，他正面临着一个对国家影响极为重大的课题。

一个急刹车，王大珩猛地抬起头。

红灯。

一眼望不到头的车流被迫喘息着匍匐在路上。

"这是什么车？"王大珩指着一辆车问道。

司机师傅扭过头，眼睛豁然一亮，"呵！这是超长型凯迪拉克，美国车。"

"买一辆这种车得多少钱？"

"100 多万吧？"

"那么多？"

"得那么多。现在啊，这北京街面上好车多的是！大林肯、沃尔沃，这些车，哪辆没个几十万上百万的也买不下来呀！"

绿灯亮了，车流又开始缓缓地向前蠕动。

沉默了半天，王大珩突然冒出来一句："少买几辆车，行不行？"

"什么？"司机师傅莫名其妙地问。

没有回答。王大珩望着窗外的车流，心里在想，我们就不能少买几辆车，多点科研投入吗？

直接上书邓小平

一条消息固执地停留在王大珩面前：

据报道，美国总统的科学顾问基沃思对"星球大战计划"的进展表示满意。据基沃思透露，目前美国已有可能解决助推段反导弹技术。……值得注意的是，在基沃斯讲话不到半个月之后，美国"发现号"航天飞机在260公里高空、2.8万公里时速条件下首次接受了陆基激光的反射镜试验，并获得了成功。

王大珩多少有些烦躁地把这份材料推到了一边。但另一条消息却又立刻突兀地跃入他的眼帘：

据英国报刊报道，英国以史密斯教授为首的20多名科学家在研究光计算机方面取得重大进展，但英国政府迟迟未向其提供研究经费。美国国防部获此信息后，立即从"星球大战计划"经费中拨出15万美元，提供给史密斯。若美国获得此项成果，将对"星球大战计划"带来革命性的影响。

王大珩经受不起这样的消息，突然站起身，在房间里打起转来。

几天来，王大珩始终处于焦躁不安的状态之中，一种强烈的责任感促使他的心中不断涌动着一种冲动。虽然，他还来不及厘清思路，不清楚自己究竟能够做些什么，但他已明确地意识到，不能再这样等下去了，自己必须要做点什么了。

王大珩正在屋里打转的时候，一个人敲响了他的家门。一见来者，王大珩的眼睛立刻亮了。

来人是陈芳允，我国著名的无线电电子学家。陈芳允是一位事业心和责任感都很强的科学家。他长期从事航天地面测量系统的研究和设计工作，曾主持试验通信卫星和微波测控系统的研究，对中国航天事业的发展作出过突出贡献。今天的研讨会陈芳允也参加了，他和王大珩在会上相继发言之后，都发现对方的见解与自己有很多的共同之处，他们都认为，虽然我国的经济实力目前还不允许全面发展高科技，但争取在一些优势领域首先实现突破则是完全有可能的。

今天晚上，陈芳允就是专为此事来找王大珩的。

一上来，他们就谈得很投机。他们都是"两弹一星"的元老，都曾亲身经历过核武器从"一点没有"到"有一点"的过程。对"一点没有"和"有一点"大不一样的经历都有着切身的体会。

王大珩说："当年我们搞'两弹一星'的时候，国力还不如现在雄厚呢。但我们硬是咬着牙搞出来了，人家就不得不对我们另眼看待，就不得不在国际政治舞台上让我们占据一席之地。"

陈芳允说："是啊，现在我们虽然还很落后，但比当年毕竟好得多了。如果这一步不跟上，我们就有可能被新技术革命的浪潮彻底抛弃。"

王大珩说："国家与小家一样，都要精打细算地过日子，都得把钱用在刀刃上。有些钱是可以不花的，但有些钱是不得不花的。涉及到国力竞争，牵涉到国家命运的钱就不得不花，而且必须要花！"

陈芳允说："没钱我们突出重点项目行不行？我们制定有限目标行不行？"

王大珩说："没钱我们少买几辆豪华轿车行不行？我们不坐进口汽车，坐我们自己的国产车行不行？"

那一晚，两位科学家在一起谈了很久，他们谈得都很激动。

"能不能写个东西，把我们的想法向上反映反映？"陈芳允说。

"对，应该让上面了解我们的想法，争取为国家决策提供帮助！"王大珩说。

王大珩突然明白自己应该做什么了，他要让最高领导了解他们的想法，让政治家听到科学家的声音。

王大珩心里很清楚，只有科学家的瞻望是不够的，科学家的真知灼见往往要通过政治家的洞察力和决策水平才能得以实现。当年，拿破仑作为一个出色的政治家和军事家，曾以过人胆识和魄力征服了整个欧洲。在率部队翻越阿尔卑斯山的时候，拿破仑下令让学者和驴子走在队伍中间予以保护，这一举动为拿破仑赢得了尊重科学、尊重科学家的极好声誉。但后来，当年轻的美国发明家富尔顿带着自己的发明找到拿破仑时，拿破仑却因自己的短视而犯下了不可补救的错误。富尔顿当时在法国用瓦特蒸汽机作为动力造出了一艘汽船，他来向拿破仑申请资助并建议拿破仑建立一支由蒸汽机舰艇组成的舰队。富尔顿满怀信心地对拿破仑说:"您若是拥有了这样的舰队,就可以不依靠风帆行船了,无论在什么天气下都能在英国顺利登陆!"但拿破仑根本不相信富尔顿描述的神话,这个科西嘉人无法想象军舰没有帆还能行走,他断定富尔顿是个骗子,所以干脆将他赶了出去。拿破仑就此与一个拱手送到眼前的绝好机会失之交臂了。此后,富尔顿回到美国,于1814年为美国海军建造了第一艘蒸汽军舰,从此开启了海上作战的新时代。

对这段历史,英国历史学家阿克顿爵士曾这样评价:"这可以说是由于敌人缺乏见识而使英国得以幸免的一个著名的例子。如果当时拿破仑稍稍动一动脑筋,再慎重考虑一下,那么19世纪的历史进程也许完全会是另外一个样子。"

罗斯福则比拿破仑明智得多。第二次世界大战爆发以后,匈牙利核物理学家西拉德流亡到美国。他听说德国正在加紧研究链式反应,并禁止被其占领的捷克铀矿石出口时,立刻意识到德国可能正在研制原子弹。若让希特勒这样的战争狂人拥有了原子弹,人类的未来将不堪设想。西拉德立刻草拟了一封给罗斯福总统的信,和其他两位物理学家一同找到了爱因斯坦,希望爱因斯坦以自己的威望给美国总统写信,说服美国政府率先研制原子弹。爱因斯坦很赞同他们的想法,立刻在西拉德写好的信上签上了自己的名字。随后,爱因斯坦把这封信交给了罗斯福总统的朋友和顾问萨克斯,委托他一定要面呈总统。

1939 年 10 月 11 日，萨克斯亲手将爱因斯坦的信交到了罗斯福的手中。开始，罗斯福总统没太在意。他看过信后，只是随便说了一句："这倒是个有意思的想法，不过现在政府没有精力考虑这件事情。"就随手放到一边去了。萨克斯一看总统无意支持此事，心里非常着急。第二天，趁罗斯福总统请他共进早餐的机会，萨克斯为总统讲述了拿破仑当年拒绝富尔顿建造汽船的历史故事。这个故事果然打动了罗斯福总统，总统当即叫来随从，命令立刻组成一个铀咨询委员会。这件事最终促成了著名的"曼哈顿计划"，并因此把人类战争带入了核武器时代。

罗斯福的明智在于他敏锐的科学意识，在于他懂得科学技术在社会发展进程中极其重要的作用，在于他能够迅速地调整思维偏差并及时抓住科学赐予他的机会。

但是，前提是得有西拉德和爱因斯坦的那封信，否则，一切都将无从谈起。

于是，在 1986 年 3 月 3 日，王大珩拿起笔，俯身案头，与无线电电子学家陈芳允、核物理学家王淦昌、航天技术及自动控制专家杨嘉墀联名起草了一份《关于跟踪研究外国战略性高技术发展的建议》，他们认为中国要从现在抓起，用力所能及的资金和人力跟踪新技术发展的进程，而不能等到十年、十五年经济实力相当好时再说，否则就要贻误时机，真正的新技术是引进不来的。

走"后门"走出了个"863计划"

信是写好了，但如何才能让邓小平尽快看到这封信呢？

王大珩知道，如果走正常途径这封信就不知要经多少人批示转送，不知什么时候才能送到邓小平那里，他甚至不敢保证这封信最终是否真的能送到邓小平的手上。王大珩是不想拖延也不敢拖延了，他需要一个萨克斯，一个能把信直接送到邓小平面前的，能像萨克斯那样把爱因斯坦和罗斯福联系起来的人。

王大珩想到了张宏。

张宏是王大珩的助手，王大珩此时想到张宏是因为他的特殊的身份——邓楠的丈夫，邓小平的女婿。从不走后门的王大珩走了他此生最大的一个后门，他找到张宏，请张宏把这封信尽快送到邓小平那里。

张宏的办公桌就在王大珩的对面。作为助手，张宏对王大珩的想法早就有所了解。张宏也是个极具责任感的人，他对目前的局势也一直深感忧虑。所以，当王大珩找到他后，他立刻欣然允诺，很快就把信送到邓小平那里去了。

与罗斯福不同的是，邓小平甚至不需要任何实际意义上的说服，作为一个目光敏锐的政治家，邓小平立刻掂量出了这封信的分量，他当然不会错过历史赋予的任何机会。

很快，王大珩等四人的联名信送到了邓小平的面前。

邓小平看后，在信上批示："此事宜速作决断，不可拖延！"

此后的半年里，国务院连续召开了七次会议，组织了200多位专家反复进行了探讨和论证。

终于在 11 月 18 日，中共中央正式下发了关于《高技术研究发展计划（"863 计划"）纲要》的通知，并决定拨款 100 亿元。

至此，一个面向 21 世纪的中国战略性高科技发展计划正式公诸于世。

由于促成这个计划的建议和邓小平的批示都是在 1986 年 3 月进行的，"863 计划"这个由科学家和政治家联手推出的名字一下子就叫响了。

多年后，有人问王大珩是怎么把信送到邓小平手里的？怎么会那么快就让邓小平看到了信，还在信上做了批示？

王大珩老老实实地回答说："我当时走了个大'后门'。"

王大珩没想到国家会如此重视他们提出的高科技发展建议。开始提出这个建议时，他们的底气还不足，他们知道国家有难处，经济上并不宽裕。所以，当张劲夫接见他们四人，问到高科技发展计划需要多少钱时，他们一时语塞，使了好大的劲儿，才试探着说，怎么也得几个亿吧。王大珩当时还在心里暗暗算了笔账：咱们国家这么多人，每个人省下一个鸡蛋，发展高科技的钱不就省出来了嘛。令他们万万没有想到的是，国家竟然一下子就拿出了 100 个亿！

100个亿呀！震惊之余，王大珩明白政治家们这回是真的重视起来了，国家这回是真的要把发展高科技当大事情来干了。

中国终于站到了世界高科技竞争的起跑线上。"863计划"选择了生物、航天、信息、激光、自动化、能源和新材料等7个高技术领域作为中国高技术研究发展的重点，并具体地分为15个主题项目实施。提出了"集中部分精干力量，在高技术领域瞄准世界前沿，缩小与发达国家的差距，带动相关领域科学技术进步，造就一批新一代高水平技术人才，为未来形成高技术产业准备条件，为20世纪末特别是21世纪中国经济和社会向更高水平发展和国防安全创造条件"的总体目标。

针对这一行动，当时就有媒体评论说："中国将有限的一点钱花到了刀刃上。"

25年后的2011年，当人们再次回望"863计划"时，看到了这样的景象：

——"七五""八五""九五"时期，参加"863计划"研究工作的科学家前后达3万多人，有200多个研究机构、100多所高校、上百个企业参与了"863计划"的研究开发；

——"十五"时期，参加"863计划"实施科研人员达到10万人，参加单位超过1万家；

——"十一五"时期，参与"863计划"实施的研究人员达到13万人。

25 年后的 2011 年，当人们再次回望"863 计划"时，看到了这样一些具有世界水平的研究成果：

——自主研发的中国第一座快中子反应堆。中国实验快堆达到首次临界状态，标志着我国第四代先进核能系统技术实现了重大突破；

——紫外非线性晶体在国际上处于领先地位，引领了世界紫外非线性晶体发展潮流，以非线性晶体为基础的全固态激光器及应用实现重大突破；

——自主研制的首台 12000 米钻机，打破了国外对高端石油装备的垄断，使我国成为继美国之后第二个拥有万米钻探装备的国家；

——成功开发了具有自主知识产权的水煤浆气化技术，实现了我国大型煤气化技术零的突破，打破了跨国公司对大型煤气化技术的垄断……

25 年后的 2011 年，当人们再次回望"863 计划"时，在许多辉煌的后面都看到了"863 计划"的影响：

——航天是"863 计划"首批的七个重点支持领域之一。由于"863 计划"对载人航天探索所起到的催化剂作用，推动了神舟七号飞船的成功，实现了我国载人航天的又一项重大突破；

——目前实施的 16 个国家科技重大专项中就有 13 个来自于"863 计划"前期的积累；

——"863 计划"通过集成创新突破了一批产业核心技术，

培育了若干战略性新兴产业生长点。

25 年后的 2011 年,当人们再次回望"863 计划"时,发现科技进步对中国经济社会发展的影响,从来没有像今天这样广泛而深刻:

——疫苗研制的关键技术取得了大量突破,从最初的只能从国外引进菌株、生产线到目前能够独立进行全程开发与生产,甚至向国外出口。所以当甲流病毒袭来时,只用了短短 87 天,中国的甲型 H1N1 流感疫苗便在全球率先研制成功;

——中国掌握了一系列先进合成孔径雷达关键技术,成功研制了具有亚分米级分辨率的合成孔径雷达系统,分辨率达到世界领先水平。所以当汶川、玉树大地震时,卫星遥感、无人驾驶飞机、北斗导航定位、网络通信等,立刻将灾情影像及时呈现在抗震指挥中心的大屏幕上;

——以龙芯、北大众志为代表的高性能通用 CPU 芯片结束了中国计算机产业"有机无芯"的历史;

——高性能宽带信息网示范工程使中国在新一代信息通信核心技术方面跻身世界前列;

——高端数控技术的突破性进展打破了外国的技术封锁;

——45 个高产优质、抗病小麦新品种带动中国主产麦区实现一次品种更换。

25 年后的 2011 年,人们再次回望"863 计划"时,看到了这样一组数字:

——申请专利 5 万多项,获得专利授权 16000 余项;

——申请发明专利 3.7 万多项，获得授权近 9000 项；

——制定国家和行业标准近 4000 项；

——发表学术文章 20 多万篇；

——先后参加的科研工作者 30 万人，造就了一批既有深厚专业造诣，又能把握高技术发展方向的战略科学家和领军人才，凝聚和培养了一大批中青年骨干人才，形成了高性能计算、基因组学、人工晶体、杂交水稻等一批具有较强研发实力的高技术创新团队。

无疑，"863 计划"已经成为中国高科技走向辉煌的标志。在科技实力决定国家命运，日新月异的科技进步为世界生产力发展带来巨大推动，引起世界经济格局深刻变化和利益格局重大调整的今天，"863 计划"点燃了中华民族的希望之光，照亮了中国人做了几代的强国之梦。

第二章　父亲是部尘封的线装书

出生地的秘密

在王大珩进入耄耋之年以前，几乎所有关于他的文字都是这样记载的：

王大珩，1915年出生于江苏吴县……

无论是《中国人名大辞典》，还是《王大珩略传》。但王大珩并不是在吴县出生的，也不是在江苏，甚至不是在中国。

81岁时，王大珩才在一次谈话中提到了自己的出生地。他当时迟疑了一下，说："这件事我以前从没对人讲过，"尴尬明显地写在老人的脸上，"事实上，我是在日本出生的。"

1915年2月26日，在东京国家天文台附近的一所和式住宅里，一声嘹亮的婴儿啼哭声破门而出。门外焦急等待的父亲浑身一震，迫不及待地推门而入，与刚出来的助产士碰了个正着。迎着父亲急切询问的目光，助产士满面笑容地躬身道贺："王先生，恭喜您得了个儿子。"

"儿子"这两个字骤然撞击在父亲的心口上，父亲惊喜地呆立了片刻，突然转身扑通一声跪在了院中。面向家乡的方向，父亲用颤抖着的声音喃喃自语道："苍天在上。先父先慈在上，儿不孝。自王家门庭倾覆、祖业衰败之后，儿谨从父母遗训，数年来忍辱负重、悉心求学，无暇顾及后嗣之事。今儿已年近不惑，竟以三十有八之龄喜得一子，特禀告于父母，以慰先人在天之灵。"说罢，深深叩拜在地上，泪水喷涌而出。

王家的败落是从祖父去世开始的。

清末年间，在苏州吴县那个美丽的江南小镇上，王家原本算得上是个殷实人家。祖父经营着一个"王大元米行"。米行的生意很好，一年两季，在收获时节把农家自种的稻谷收上来，再随时卖给那些不靠土地吃饭的人们。这足以使王家过上丰衣足食的日子了。

按照常理，祖父只要守住这份家业，把米行的经营之道悉心传于子孙，王家便可祖辈相袭，寝食无忧了。但身为商人的祖父，思想深处却似乎有着极明显的"学而优则仕"的意识。祖父最看重的不是怎样教后人继承祖业，而是孩子们的学业。因此，王家的男孩无一例外地都在髫龄时便被送入私塾读书。祖父似乎从来没想过要培养他们中间的任何一个人来经商，接替自己的米行生意。若非如此，王家的败落或许也不会来得那么快了。

最能体现祖父意志的是王家老宅中的那间书斋。祖父不仅专为王家的学子们建了这间习课温书的书斋，而且亲手在书斋前栽植了两丛丹桂。这位身在商贾的王家先人，想必是要取其"折桂及第"的意思，寄望于王家的后人中能有人金榜题名，由学入仕，光宗耀祖。

据说，那两丛丹桂的确生得枝繁叶茂，郁郁葱葱。

但祖父却突然辞世了。猝然撒手人寰的祖父，没来得及对家业和妻儿进行一星半点的安排。王家，顿时犹如天塌地陷般地陷入了一片混乱。祖母是个丈夫在世时从不抛头露面的小脚女人，祖父去世之后，她强忍着丧偶之痛，独自艰难地支撑着局面。然而，在勉强处理完祖父的身后事，祖母就因忧伤和操劳过度而一病不起。同时，家中无人能接替祖父经营米行的生意，米行也就此停业了。不得已之下，最终只得将米行清理变卖。没有了米行的收入，王家很快就坐吃山空，继之而来的便是债台高筑的日子。

这是父亲记忆中最为晦暗的一段日子。他亲眼看到偌大一个王家顷刻间家财散尽，门庭冷落；亲眼看到兄弟姐妹们衣食无着，祖母终日以泪洗面；亲眼看到祖父生意场上昔日的好友们一个个逐渐冷了脸子；亲眼看到亲戚们纷纷疏远王家的妻儿寡母而唯恐避之不及……

在饱经世态炎凉之后，父亲终于看懂了这个世界，懂得了人必须自立自强于世的道理。这个从前无忧无虑一心只读圣贤书的男孩儿，在家庭变故的重压下突然间成熟了。他决意要靠自己的力量担起家庭的重负。祖父虽没教会父亲经商之道，但毕竟留给了父亲满腹经纶，一屋诗书。凭着始终博得的先生们交口赞誉的名声，凭着一直闻名遐迩的优异学业，父亲自己开设了私塾，从此设帐授书，教训蒙童，开始了自食其力养家糊口的生活。

这一年，父亲年仅 16 岁。

此后的几年里，王家的衰败落到了最低点。父亲的一姐两兄相继夭折，祖母也凄然辞世。父亲曾在一首诗中含泪描述王家当时的悲惨状况：

> 户庭冷落雀罗张，
> 颠沛流离事反常。
> 并蒂花根方泣露，
> 惊寒雁字又分行。
> 一身以外孤无助，
> 十载之间两悼亡。
> 丁口阖门凋落尽，
> 难将因果问穹苍。

父亲永远忘不了祖母弥留之际的情形。

窗外阴郁的黄梅雨无休止地下着，凄厉地敲打着老宅那破旧的窗棂。祖母拉住自己最倚重的小儿子的手，眼睛固执地望着窗外，嘴唇艰难地蠕动着。

父亲俯下身，费力地辨认着祖母的声音："……切勿……自误前……前程，莫忘考取……功名……"

循着祖母的目光向窗外望去，父亲看到了祖父亲手栽下的那两丛丹桂，心中不由一惊。在王家一片衰败的景象中，只有那两丛丹桂依然蓬蓬勃勃地生长着，吐着惊心动魄的新绿。

再回头时，祖母已经阖上了双目。这个深知丈夫心性的女人，在最后的弥留之际还挣扎着按照丈夫的遗愿，把那个对王家来说已经变得非常渺茫的嘱托留给了这个王家仅存的男儿。

清末秀才八年负笈走瀛洲

祖母去世后，父亲遵从遗训，怀着登科及第、兴家立业的梦想发愤读书，终于考取了秀才。按常理，在考取了秀才之后，父亲还应该接着考下去，在科举的道路上继续攀援，直至重振王家门庭。但就在这时，中日甲午战争爆发了。

1894 年 9 月，中日两国在黄海展开了一场震惊世界的大海战，这场战争彻底摧毁了北洋水师，彻底摧毁了大清帝国的尊严，也彻底摧毁了中国知识分子的最后一道心理防线。

鸦片战争以后，西方资本主义列强发动了一次又一次的侵华战争。虽然历次都是以中国的失败和签订丧权辱国的不平等条约而告终，但是每当硝烟散尽，朝野上下在经受过一阵惊吓和经历过一番争吵之后，便很快就会恢复老样子，依旧是文恬武嬉，歌舞升平。而甲午战争则与以往大不相同。这场战争的对手既不是英吉利，也不是法兰西，更不是那些西方的庞然大物，而是历来被中国人瞧不上眼的"小日本儿"！在甲午战争中，日本竟"以寥寥数舰之舟师，区区数万人之众，一战而剪我最亲之藩属，再战而陪都动摇，三战而夺我最坚之海口，四战而威海之海军丧矣"！当甲午海战的最后一役——威海卫海战彻底失败后，当北洋水师残存的10艘战舰统统降下大清的龙旗被编入日本联合舰队之时，当"康济"舰载着丁汝昌、刘步蟾等6具灵柩在汽笛的哀鸣声中凄然返回的时候，中国在剧痛中颤抖了。

这场战争既惊醒了父亲的科举梦，也动摇了父亲继续走科举道路的决心。接下来发生在清末科举场上的两件事，对父亲的思想产生了十分重要的影响：一是康有为弃官变法。康有为在考取了进士，被授予工部主事官职后，却拒绝到任就职，全力投入到维新变法的政治活动中去了。二是张謇弃官办厂。张謇是光绪年间的新科状元，在经历了十几年寒窗之苦后，张謇却毅然弃官，回到家乡南通筹办"大生纱厂"，走上了实业救国的道路。康有为和张謇都是当时极具才华和名气的举子。他们鄙视清王朝封建科举制度的行动，强烈地冲击了封建知识分子中普遍存在的科举取士的传统观念。他们各自所走的道路也集中地代表了知识分子们在甲午战争后纷纷选择的两个主要方向：一是变法维新，走社会制度变革的道路；二是学习西方先进技术，走实业救国的道路。

父亲选择了第二条道路。

父亲只身漂泊在外，四处求学期间，尽管吃了很多苦，但也切切实实增长了许多见识，学到了很多新的东西。就是在这时，父亲开始接触到了"西学"，接触到了"西学"中的一些新的观念。父亲立刻就被西方现代科学技术吸引住了，他对"西学"中的算学、物理学等自然学科尤为感兴趣。父亲发现，在中国人还在遵从祖宗的遗训，亦步亦趋地研究书本、文字和故纸堆的时候，西方的自然科学已经创造了一个全新的世界。面对外国先进的科学技术，父亲痛感自己祖国科学技术的落后。在父亲看来，中国之所以挨打就是由于科学技术落后。

甲午战争激发了父亲的爱国热忱和忧患意识，也使父亲对"国盛家兴、国破家亡"的道理有了更深刻的理解，父亲由此开始对只重经学辞章不讲现代科学的封建"旧学"产生了怀疑，对自己努力跻身其中的科举道路产生了怀疑，进而对自己求学的目的产生了怀疑。最终，他下决心要留学东洋，向敌国学得一技之长，走科学救国的道路。

这一思想转变在父亲的一生中是极为关键的。父亲从此跳出了封建知识分子进士及第、光宗耀祖的狭隘制囿，把个人的奋斗与强国的目标结合在了一起。

1907 年，父亲踏上了东渡日本的轮船。

清朝末年，中国相继出现过两次留学热潮。

第一次"留学潮"是在 19 世纪后期，主要方向是美国。两次鸦片战争以后，清政府部分地接受了中国人也需要"奉夷为师"向他人学习的现实，开始向美国和欧洲派出大批年轻的留学人员，先后派出了 120 名幼童赴美留学，并陆续派出了 80 余名青年赴英国和法国等地学习军事技术。这批留学人员中后来涌现出了著名铁路工程学家詹天佑，著名煤矿、地质学家邝炳光，著名军事学家刘步蟾，著名思想家、翻译家严复等一大批优秀人才。

第二次"留学潮"出现在 20 世纪初。这次"留学潮"的主要方向是日本。甲午战争失败之后，知识分子中的忧患意识越来越强烈。面对国家衰败落后的局面和备受外夷欺辱的现状，他们发誓要把"恨"与"学"结合起来，"习点本领，返救祖国"。为此，他们纷纷抛弃翰林进士出身，远渡重洋，赴外求学。这是中国历史上最具特色的一次"留学潮"，其特点就在于从这批留学生中涌现出了一大批赤诚爱国的革命者。大批爱国的留学生推动了 20 世纪初中国人的思想解放，为辛亥革命奠定了思想基础，为推翻几千年的封建制度准备了骨干力量。而留日学生始终是其间的中坚力量。在孙中山组织的同盟会中，留日学生的数量曾占 90% 以上。后来在中国革命运动中起过重要作用的李大钊、鲁迅、秋瑾、黄兴、邹容等人，都是 20 世纪初年的留日学生。

父亲刚好赶上了第二次"留学潮"，而恰恰又是赴日本留学。但父亲似乎始终与"革命"无缘。

当时，留日学生的思想极为活跃，留学生中成立了各种各样的学生组织和政治团体。许多与父亲同样抱着科学救国信念的人，来到日本后都受到了这种强烈气氛的影响，纷纷加入各种组织和团体。他们中的许多人后来都积极投身到政治活动中去，最终在科学救国思想的基础上朝前迈出了一步，走上了反抗清朝统治的革命道路。但是，身处这种环境的父亲却一直未曾介入过任何政治团体。父亲近乎顽固地抱定了科学救国的信念不放，始终没有再向前迈出一步。他虽然早已对腐朽的清政府失去了信心，但却一直在心里存着一份幻想，幻想着有朝一日能回到祖国，以自己的所学为强国尽上一份微薄之力。父亲不相信除了先进的科学技术还有什么能使他的祖国强大起来。父亲的固执是十分惊人的，他终其一生远离政治，不肯加入任何组织。

1910 年，东京的一家报章曾刊载过一条关于中国留学生的新闻。报道说，东京物理学校有一个中国籍学生，初入校时几乎一句日语都听不懂。但仅仅一年之后，这位中国留学生就在第三、第四、第五学期的考试中，连续取得第一名的优异成绩，使学侣及校方刮目相看，交口称赞。

这条新闻引起了驻日公使汪大燮的注意。汪大燮是清政府派出的最后一任驻日本公使，是个以明敏谨慎著称的极爱

才、惜才之人。中日甲午战争期间汪大燮曾竭力协助李鸿章
与日本人交涉周旋，但最终只得到了一个辱国劝和的结局。
汪大燮因此而每每痛生国弱人欺之感，不免寄希望于海外学
子身上，望他们能存忧国之心而精于学业，日后可为强国安
邦之才。看到报章上登载的这则消息后，汪大燮心中大喜，
立刻决定见见这位让东洋人刮目相看，长中国人志气的学子。

　　但是，汪大燮公使遍查清政府派往日本留学的人员名单，
却没有从中发现这个学生的名字。汪公使心中不免疑惑，决
计亲自到东京物理学校寻访。当汪公使几经周折，好不容易
找到这个中国留学生的时候，才知道这个学生已经穷困潦倒，
正在做辍学准备呢。

　　当这个学生站在汪公使面前的时候，他的心不由微微一
沉：眼前的中国学生身体消瘦，面色枯萎，一眼望去便能看
出他极度劳作的疲惫和长期缺乏营养的衰弱，只有双目中似
乎还蓄着精气，不时射出一道灼热的光。这是个自费留学生，
而且是个没有任何家庭资助，全靠打工一边养活自己一边支
付学费的穷学生。

　　汪公使与这个学生进行了一次长谈。令他惊讶的是，这
个学生对自己在日本的艰苦生活和目前的困境竟没有丝毫的
抱怨。他告诉汪公使，当初自费来日本留学，现今却几近要
沦落到乞讨的地步。有很长的时间，他是靠在餐馆捡剩饭来
充饥的，他几乎整整吃了两年的馊饭。他说生活上再苦再难
自己也能忍受，他最受不了的就是身为中国人要处处受到日

本人的欺负。他说他吃得下苦，咽得下难，却独独忍不下那份民族自尊心的屈辱！说到动情处，留学生忍不住落下了眼泪。

汪公使也不禁动容了。同为中华儿女，他理解中国留学生内心的痛苦。同在异国他乡，他更了解中国留学生在日本的处境。1894年那场使中国遭受惨败的甲午战争，使偌大一个中华民族在日本人眼中的地位一落千丈。日本人的大和民族优越意识开始迅速膨胀，他们再也不把中国人放在眼里了。他们认为对沦为战败国的中国人是可以随意欺辱的。那时，中国留学生常常在街头被日本人追赶辱骂。日本人骂中国人是"支那崽"，称留着长辫的中国人是"豚尾猪"，嘲笑中国人脑袋后面拖着的那根辫子是"猪尾巴"。大批中国留学生就是在这种屈辱的环境中忍耻含羞、悉心求学的。他们年复一年地默默忍受屈辱，只为了有一天能以自己的所学使中华民族强盛起来。

与汪大燮公使的这次长谈从此改变了这个留学生的境遇。汪公使回去后，立刻为这个留学生申请补办了公费留学资格，使他得以摆脱始终缠绕着他的生存困境，能够专心致志地埋头于学业了。

一年后，这个留学生以优异的成绩毕业于东京物理学校，并在东京物理学校校长的亲自举荐下，进入了日本中央气象台，一边工作一边继续深造。

这个虽穷困潦倒却仍旧矢志不移的留学生就是父亲。

父亲的生活安定下来有了稳定的收入之后，就把母亲接到了日本，夫妻二人难得地过上了忙碌而宁静的生活。就在这时，辛亥革命胜利的消息传到了日本。这个消息令父亲激动万分，看到那个腐朽的清王朝终于被推翻了，父亲欣喜若狂，立刻萌生了回国的念头。虽然在日本的生活很稳定，但这里毕竟是异国他乡。有一种东西在心中涌动着，父亲知道那是激情，是渴望集多年所学为自己的国家做事的激情。

1915 年 9 月，一艘轮船驶离日本岛，向中国海域驶去。

王大珩刚满六个月，父亲就迫不及待地携妻带子回国了。在双脚踏上这块朝思暮想的土地的一刹那，父亲的心一下子就踏实了。这就是那片让他爱之深、恨之切的土地；这就是那个曾给他带来无数痛苦，却又永远割舍不掉的家；这就是那个八年来令他魂牵梦萦，使他为之忍辱求学的祖国！

但是，脚下的土地却并不如父亲想象的那样坚实。就在父亲的双脚踏上国土的那个时刻，这片国土正面临着一次又一次的动荡：袁世凯正在紧锣密鼓地为自己登基称帝做准备，各派力量正在加紧扩张自己的势力范围，反袁武装正在悄然兴起，各系军阀也正在做着倒袁之后分享中央权力的准备……

父亲带着梦想回来了。此时父亲还不知道，在这片支离破碎的国土上，根本就无法实现他的梦想。

归国的失意

回国后的父亲始终郁郁而不得志。

开始，教育部分配父亲去偏远的吉林一中当物理教员，父亲就去了，毫无怨言，干得有声有色。不到一年，有关方面又调父亲到北京中央观象台工作，父亲就来了，兴致勃勃，做得竭心尽力。当时，国内搞天文气象学的条件十分落后，由于国内科研及工业水平很低，没有能力自己制造精密仪器，使用的大多是一些人家早已淘汰了的仪器设备。为了改变我国天文气象学的落后状况，父亲就亲自动手，改进设备并自行设计研制各种仪器。在条件极其困难的情况下，父亲想方设法竟成功地研制出了我国自行设计制造的第一台风力计。

只是，当时国家动乱、时局不稳。民国初年的几次政权更迭，使各系军阀乘机兴起，导致连年军阀混战。在这种动荡的社会环境下，经费匮乏的中央观象台根本无法开展工作，只能维持现状。到了1927年北伐战争开始以后，中央观象台窘迫地就连职员的薪水都无力支付了。那年，为了使大家能过个年，中央观象台居然当掉了一台天文钟！观象台不得不关门了。

父亲也因此失业了。

对父亲来说，这一次的打击几乎是致命的。失业使父亲失掉的不仅仅是个饭碗，更重要的是父亲失去了心中那份最宝贵的热情。他之所以寒窗苦读十几年，之所以忍受了许多常人无法忍受的痛苦，之所以放弃在海外的优渥工作环境和生活条件举家回国，就是想倾其所能为国家强盛尽一份微薄之力。他别无所求！然而，国家却不需要他了。父亲心中根本无法承受这样的现实，他的满腔热情终于在严酷的社会现实面前骤然熄灭了。

1929年，失业两年之久的父亲转到青岛观象台工作，专司天气预报。此时，父亲已年过五十。在经历了命运的坎坷之后，父亲的思想上出现了一种躲避世事、听天由命的倾向。他开始把更多的时间用在围棋对弈和诗词书画上。父亲在这时的一首诗中吟道：

> 子云老夫不迁官，
> 得失由天总达观。
> 嗜弈也能忘理乱，
> 吟诗并不碍穷酸。

表面上看，父亲在青岛的日子过得很是自得其乐，父亲参加了青岛俱乐部的围棋和诗词书画两个组的活动。每有余暇便沉浸在举棋对弈、吟诗挥毫之中。但是，即便从诗作中也能看出，父亲的内心深处并非如表面那样平静，父亲的"嗜弈"其实是为了"忘理乱"。

毕竟，父亲是一个很有抱负的知识分子。他通晓日、德、英三国文字，有深厚的数学和物理学科基础，有丰富的天文气象实践经验。他以自己半生的辛苦积累起这些学识，并不是为了过眼前这种悠闲自在的生活！父亲不甘心就此消沉下去，他开始试着手把学识用在著书立说上。那几年间，父亲花费了大量精力，陆续编译出了《近世地震学》《气象器械学》《数理气象学》《数理天文学》《地磁学》《质点及刚体力学》等六部著作。遗憾的是，这些书稿几经周折，最终只有《近世地震学》和《气象器械学》两本书出版了。其他几部书稿均以销路不广为由，而被退稿了。

"九一八"事变之后，父亲再度失业。退稿和再度失业的双重打击，使父亲从此对一切都心灰意冷。

生分的父子

王大珩跟父亲生分得很，他不喜欢父亲，从来就不喜欢。

父亲脸硬，不会笑，一副老式的圆眼镜冷冰冰地悬挂在脸上，把窄面孔遮盖得所剩无几，厚厚的镜片上永远反射着一层凛厉的光，令人望而生畏。父亲脸上最触目的是几道纵向的纹路，刀刻般的，很古板僵硬，也很深刻沧桑。

父亲在北京中央观象台工作时，还兼着北师大的课，讲天文气象学，也讲流体力学。因此父亲很忙，整日早出晚归、来去匆匆。王大珩巴不得父亲忙。父亲不在家的时候，家最像家。可以满屋子乱蹿，满院子乱跑。可以毫无顾忌地说笑，无拘无束地吵闹。但只要父亲一回来，家就不是家了。所有的人都赶紧把小心揣在怀里，踮起脚尖走路，瞅着眼色说话。

王大珩最怕的就是父亲在一旁看着他写大字。父亲不说话，只是威严地往后面一站，他便知道又有巴掌伺候着了，立刻如芒刺背，浑身都透着不自在。父亲的巴掌殷勤得很，只要头稍微歪一歪，巴掌就会迅速地扇将过来，准能一掌将脖子扳直。若是拿毛笔的姿势不对或是哪个字没写好，巴掌也会毫不留情地及时劈将下去，准打得笔飞墨溅，满桌开花。王大珩还怕父亲给他指点功课。父亲指点功课缺乏耐心，凡他讲过一遍的东西就不允许记不住，凡他认为简单的东西就不允许听不懂。据说，父亲在北师大上课时，就常常因为嫌学生愚笨而在课堂上大发雷霆，常有一气之下索性就掩卷拂袖而去的举动。对自己的儿女们，父亲一个也没看上眼儿的。只有王大珩这个儿子，父亲还认为勉强算得上是稍具灵气，尚数可指教之列。

是母亲首先发现了王大珩的灵气。母亲出身于书香门第，毕业于苏州兰陵女学。与父亲结婚前，母亲曾在上海幼稚园当过老师。她知书达理且弹得一手好风琴。起初，母亲只是在闲暇时随便教王大珩认几个字而已，不料却发现儿子有过目不忘的禀赋，没过多久就学会了上千个汉字和简单的算术了。母亲把这事告诉父亲后，父亲不信，就把王大珩叫来当面考问，一切都从容应对，无半点差错。父亲盯着王大珩看了一会儿，当即毫不迟疑地撇下了三个字："上学去！"

这一年，王大珩刚满五岁。

王大珩不敢不遵从父亲的命令，母亲也不敢。当儿子牵着母亲的手，怯生生地走进孔德学校的考场时，在场的人都禁不住笑了。王大珩长得实在太瘦小了，看上去只有四岁的模样。叮是，待到考过王大珩之后，所有先生都不由得大大地惊讶了，这个小男孩儿几乎能对答如流，完全达到了小学一年级的程度。校方当即决定让王大珩直接进入二年级。

五岁的王大珩刚上学就大大地露了一回怯。第一堂是图画课，王大珩除了家里的小房子以外，什么也不会画，母亲没教过。王大珩看着面前那张白纸就想哭，在心里把父亲恨了一回又一回。第二堂是算学课。算学课王大珩不怕了，但老师让王大珩上黑板答题。王大珩个子太矮，怎么也够不着黑板上的题，就有同学嗤嗤地笑。老师只好搬了个板凳，让王大珩踩到板凳上去写，同学们又忍不住哄堂大笑起来。王大珩难为情地被迫站到板凳上，一边答题，一边又在心里把父亲恨了无数回。

王大珩不喜欢父亲还因为在父亲那里从来讨不到夸奖。父亲从不夸奖儿子，无论考试成绩多好，无论得多少个第一。

父亲对儿子最满意的表示就是表情生硬地吐出一句地道的苏州话："考胚！"那意思分明是说儿子只不过是个适合考试的"胚子"而已。即便是考上清华大学和取得"庚款留学生"资格的时候，父亲也只是摆出这么一副脸子，赏给这么一句苏州话。王大珩始终也没琢磨透，在"考胚"这句话里，父亲的褒贬成分到底哪个更多一些呢！

小学四年级时，先生曾出过一道"鸡兔同笼题"。这是一道中国民间传统数学题目。说的是一个笼子里养了许多鸡和兔子，只知道鸡兔加在一起共有100条腿，问究竟养了多少兔子多少鸡？全学年的学生中只有王大珩一个人答对了。王大珩在同学中间出足了风头，意犹未尽地一溜烟工夫跑回了家，立刻兴致勃勃地将此事告诉了父亲。

父亲听完后无动于衷，只吩咐儿子把计算方法复述一遍。等到儿子得意洋洋地复述了一遍之后，父亲的脸色已经阴沉得能拧出水了。

"不对！"父亲断然打断了儿子的话。

"先生说……"儿子刚想解释，父亲却一下子火了："说什么！告诉你不对，就是不对！"

儿子傻眼儿了，不知所措地望着父亲。

"你以为得数对了就是对了！"父亲瞪着儿子问。

儿子没敢搭茬，但心里不服。本来先生就说对了嘛！

"知道吗，你的思路不对，计算过程错了。这说明你根本没搞懂，得数对只不过是巧合而已！"

接着，父亲详细地为儿子讲解了这道题。看到儿子真正理解了之后，父亲便背着手边踱步子边开始了训斥。

"学子最忌什么你知道吗？"父亲厉声问道。见儿子羞得满面通红说不出话来，又接着训道："最忌骄躁二字！骄则浮华不实，躁则浅尝辄止。你小小年纪胸无点墨，还未学得一星半点知识，就先有了骄躁之气。如此下去，何以长进、何以长进啊？！"

儿子无言以对，惭愧地低下了头。

直到长大以后，王大珩才懂得父亲一直是有意压着自己。王大珩虽然表面上文文静静的，似乎还显得有些懦弱，特别是在父亲面前，老实得简直就像个避猫鼠，但父亲知道儿子其实一点也不老实，儿子看起来挺蔫，实际上很淘，是那种典型的"蔫淘"。不压着点，儿子就常会做出一些很"出格"的事。有一次，老师出了一道作文自选题，王大珩不做作文，却在卷子上面画了一张老师的人头像，还强词夺理地说什么是老师让自选的，老师念他学习好才把他放过了。还有一次，王大珩淘气淘出了新花样，竟敢在上课前把浆糊抹在了门上，害得老师开门时粘了一手浆糊。这下，老师可气极了，把王大珩叫到前面，二话不说，拎起戒尺就打了一顿手板。那时候，用戒尺打手板是对学生最严厉的惩罚了。王大珩在那以前因学习成绩突出一直被公认为是学校里的"小圣人"，一般情况下，小圣人的名字在学校出现总是受表扬，大家都听惯了，因此"小圣人被打手板"就成了一条爆炸性新闻，在全校上下传得沸沸扬扬。上中学时，王大珩还曾因与同学们一起闹风潮，差点被学校除名，也是因了学习好，再加上父亲的交涉才得以平息下来。父亲明白儿子虽聪慧过人但很淘气，不压着点就会不知道天高地厚了。但似乎父亲始终也没明白，儿子的老实其实是被自己压抑出来的，儿子的淘气其实也是被自己压抑出来的。也许是因为在家里、在父亲面前太压抑了的缘故，王大珩一到外面就格外地喜欢向权威挑衅，喜欢在向权威挑衅的过程中获得满足感。这实在是对压抑的一种情绪发泄，是对压抑的一种心理反抗。

父亲开始关注儿子，是在发现学校的课程儿子根本吃不饱以后。

王大珩上学后不久，就做出了一件使他名声大噪的事。在所有课程中，王大珩尤其喜欢算学，也喜欢教算学的邵先生。邵先生主要教高小三年级算学，也兼一部分高小一年级的课，他的课讲得非常生动，王大珩很爱听。有一次，邵先生讲课讲到兴起之处，竟在黑板上出了一道高小的算学题，问哪个敢上来试着答一答。全班哑然，半天没人应声。沉默了一会儿，王大珩突然站起来，低声说自己想试试。在大家的注视下，王大珩脚踩板凳，上了黑板，竟然在黑板上一点不差地把题解了出来。邵先生把个眼睛瞪得铜铃大，嘴里不停地夸赞着王大珩。其实，他根本就没指望高小一年级有谁能做出这道题来！这道题是他给高小三年级出的，当时全班就没一个能做得出来！后来，邵先生仔细盘问原委，王大珩才吭哧吭哧地说："他嫌算学课讲得太慢了，自己总忍不住翻后面的书看。""就这？"邵先生问。"就这。"王大珩答。邵先生不禁唏嘘，惊叹不已。

　　父亲由此开始关注儿子了。起初，父亲还只是根据学校的课程稍做一些指点，但发现儿子的确有极强的接受能力后，父亲干脆抛开学校的进度，完全根据儿子的接受能力单独给儿子上数学课。越到后来，父亲就越看重儿子的数学学习了。儿子进入高中以后，正逢父亲被调到青岛工作。当时，全家还留在北京，父亲独自一人在外，生活本来就多有不便，但父亲却一定要把儿子带在身边。他坚持把儿子转到青岛读高中，跟着自己继续学习数学。

　　对王大珩来说，被父亲关注无疑是一件十分痛苦的事。父亲是典型的封建家长式教育方式。他讲题时，你不能不听，也不能听不懂，更不能随便提问题。你得目不转睛地盯着他，稍有疏忽就会招致一顿痛斥。但父亲的讲解的确总是逻辑清晰，条理分明，深入浅出。父亲的数理基础惊人的扎实。直到上大学后，王大珩每有难题也总能在父亲指导下迎刃而解，不论是最基础的定理还是最复杂的难题，从不曾难倒过他。至今想起来王大珩还常常感到疑惑，那些林林总总的概念好像是深植于父亲头脑中了一般，总是随时可以信手拈来，而且永远都是那么地清晰、准确。

　　从初中到高中，王大珩的数学课程都是由父亲把着手亲自教的。初中毕业时，王大珩已经学到了高中数学。读了高中以后，王大珩早早就进入了大学数学的课程。整个初中和高中期间，王大珩根本不用上学校的数学课，但数学成绩却没有一次不是满分的。

初中毕业时，学校举办了盛大的毕业典礼，邀请学生家长前去参加。那天，母亲一大早就拉着外婆，兴致勃勃地赶到学校去参加儿子的毕业典礼。

毕业典礼上最激动人心的就是颁奖仪式了。每一科只设一个奖项，只有在每科考试中获得第一名的同学才能获此殊荣。奖品很诱人，是一枚闪闪发光的银盾。当颁奖仪式开始，几位毕业生中的佼佼者走上领奖台的时候，全场爆发出一阵阵热烈的掌声。

外婆眼神儿不好，看不清台上的人。她发现有一个长得又瘦又小的学生，一个人竟得了算学（数学）和科学（生物）两块银盾时，就一边使劲地拍着巴掌，一边赞不绝口地对母亲唠叨着说："你看看人家，你看看人家！也不知道这是哪家的小孩子，小小模样这么灵光，一下子就得了两块银盾哩！不得了，真是不得了！"

母亲"扑哧"一下乐了："哪家的小孩子？您仔细看看好，那是我们自己家的小孩子呀！那不是大珩嘛！"

儿子眼中的抠门老子

父亲也有让儿子喜欢的时候，但很少。其实，王大珩挺喜欢听父亲讲"事儿"的。父亲高兴的时候就给儿子讲些"事儿"。说父亲讲"事儿"，是因为父亲无故事，父亲讲的都是一些算不得故事的"事儿"。有天文地理的，也有物理化学的，父亲想起什么就随口讲点什么。

有一天，父亲叫儿子端来一碗水。父亲把一根筷子插进水碗让儿子看。

"看到了吗？"父亲问。

"看到了。"儿子说。

"看到什么了？"

"一根筷子。"

"看没看出来筷子有什么不同？"

"好像……好像有点弯。"儿子怯生生地回答。

"准确点！到底弯没弯？"父亲有点不耐烦地说。

儿子又仔细地看了看，回答道："弯了，是弯了。"

父亲伸手一下提起那根筷子，举到儿子的面前问道："看看是弯的还是直的？"

"是，是直的。"儿子有点惊讶，以为自己刚才看错了。

父亲把筷子又扔回碗里说："这回你再看看吧。"

儿子刚看了一眼就傻眼儿了，怎么筷子又变弯了？

父亲对着发呆的儿子一字一顿地说："看清楚了，这叫折射，是一种光学现象。"

儿子把那根筷子拿出来放进去来来回回地摆弄了半天，这是儿子平生第一次见到的光学现象。这就叫折射？这个叫折射的东西竟能把筷子弄弯。儿子觉得这简直太不可思议，太有意思了！儿子从此牢牢记住了"光学"这个名词。但他怎么也不会料到，他今后会与这个名词打上一辈子的交道。

在王大珩的眼里，父亲仍旧很难说是个好父亲。对父亲最深刻的记忆莫过于"抠门儿"了。

父亲把钱，而且把得死紧。家中的钱统统都攥在父亲一个人的手心里，他对谁也放心不下。每个月，父亲只数出一点点钱交给母亲，当作全家一个月的生活费用。父亲算计得很精细，他是把母亲的操持能力也计算在内的。父亲拿出的那点钱只有加上母亲的操持能力，才刚刚能勉强维持全家人的生活，而且是最低标准的生活。于是家中的日子就过得十分清苦。餐桌上见不到荤腥，常年是棒子面窝头、咸菜臭豆腐当家。偶尔，母亲也领着孩子们到泡子河边去掐点野苋菜，包上一顿苋菜包子吃，孩子们就会乐得十天半个月合不拢嘴。

王大珩上中学以后，每天要在外面吃一顿中午饭。父亲只给够吃一顿"苦饭"的钱。"苦饭"就是最低标准的一顿饭。王大珩曾因为看到同学们都吃"一套"，一个烧饼加一个油条，就仗着胆子，小心翼翼地提出自己也想吃那个"一套"。没想到话音未落，父亲的眼睛已经立起来了："什么一套一套的，想得美。没有！"儿子于是再不敢多说半句。

上学在外，常有急需零用钱的时候。但从父亲手中要钱太难了，王大珩便学会了省钱。每天只有一顿的"苦饭"钱，王大珩还从嘴里一个子儿一个子儿地往外抠，慢慢地也积攒下了一点零用钱。他想积少成多，手里有点零用钱以备在外急用，也可买点自己喜欢的学习用品。但父亲是绝不允许除自己以外的任何家庭成员手中有钱的。王大珩左掖右藏，最终还是没能逃脱父亲的火眼金睛。父亲发现儿子手中有钱后，大惊失色，当即严加盘问。当儿子供认这些钱是从每日两角的午餐费中省下来的以后，父亲顿时勃然大怒："贪污！"父亲说："你知道吗？这是地地道道的贪污！"父亲毫无怜惜之情地痛骂了儿子一顿后，就把儿子从口中省下来的那点钱悉数没收，全部塞回到自己腰包中了。

王大珩不敢在父亲面前说"不"，但实在气不过，便忍不住悄悄地反抗一下。有一次，王大珩趁父亲还没回来吃饭，偷偷地把给父亲做的鱼吃了一面，吃过后又把鱼翻过来，摆得好好的像是没人动过的一样。儿子等着父亲回来的时候，一想到父亲发现有人吃了鱼后的那副气急败坏、大发雷霆的样子，就禁不住激动不已。虽然心里非常害怕，但也荡漾着一种恶作剧般的快意和满足。父亲吃饭的时候，王大珩紧张地躲在一边悄悄观察着，没想到父亲发现后却并没有气急败坏、大发雷霆。父亲愣了一下后，只悻悻地嘟囔了一句什么也就算了。儿子多少感到有些失望。

父亲最大方的一次举动是在儿子上大学之后。王大珩上清华大学以后成绩一直很突出，父亲十分高兴。兴奋之下，父亲主动提出以后儿子每月的生活费由他来额外支付，不必再从全家的生活费中支出了。母亲和儿子自然都十分高兴。在此之前，儿子一直是从母亲手中领取生活费的。母亲每月精打细算只能给儿子10块大洋，其中有8块大洋用来交伙食费，剩下2块大洋用以购买学习用品和其他开销。这在当时的大学生中已经是最低水准的了。父亲提出要为儿子支付费用，大家自然皆大欢喜。这样一来，不仅儿子有可能得到更多的补贴，而且母亲手中全家那点生活费也可以宽裕一点了。好不容易盼到了领生活费的日子，王大珩兴冲冲地赶到父亲那去领钱。哪知道，此时父亲却早已过了许愿时的高兴劲儿，正在心中暗自懊悔不迭呢。见儿子真来领钱了，父亲不能食言，又不舍得拿钱，便把手中的几块大洋扒拉过来扒拉过去。比画了半天，父亲才狠了狠心，极不情愿地把几块大洋扔到儿子手里。王大珩接过来一看，顿时傻眼了，他怎么也没想到，父亲使了那么大的劲儿，好不容易大方了一回，到头来却只给了自己9块大洋，比原来的生活费还少了一块！

父亲对自己也抠，他一辈子不抽烟、不喝酒，除了买书以外，从不乱花一分钱。父亲攒钱只为了一件事：买房子。对漂泊了半生的父亲来说，房子具有特殊的意义。在那个动荡不安的社会环境中，只有搬不走、跑不掉、能遮风避雨，可蜗居自慰的房子，才是实实在在的东西，才能给父亲带来一点稳定感。父亲是男人，是丈夫，是有着7个孩子的一家之主，他不能不为这一大家人今后的生活忧虑，不能不为全家的生计做一个长远的打算。

父亲就只好拼命地赚钱，一边做着手头的那份工作，一边在外四处奔波兼课，能多挣一分钱是一分钱。父亲就只好拼命地抠钱，从老婆孩子的嘴巴里抠，从自己的身上抠，能抠出一个子儿是一个子儿。每当攒够了一笔钱，父亲就买进一点房子。然后再去赚钱，再去抠钱，再用攒下的钱去买房子。渐渐地就有了几处房子了。虽然都是些破旧的房子，但修修租了出去，也就有了一些固定的收入。

那些年代，父亲的房子的确使全家一次又一次地摆脱了困境。若没有那些房子，父亲两度失业期间全家的生活将无以为继。若没有那些房子带来的固定收入，比肩长大的七个孩子将无以维持学业，也不可能一个个都能读完大学。

多亏了父亲的房子。

多亏了父亲！

但王大珩却仍旧无法喜欢父亲。毕竟，父亲抠钱抠得实在是太狠了。儿子永远忘不了父亲那冷峻、苛刻的神态，忘不了母亲那终日操劳的憔悴面容。

在外面，父亲是个洋派人物，会说洋话，能写洋文，做的是洋学问。但在家里，父亲却是个典型的老派人物，绝对中国式的"老爷子"。那种坐太师椅，喝盖碗茶，说句话鸡鸭鹅狗噤声，跺下脚四壁门窗乱颤的老爷子。至今王大珩还常感到纳闷，父亲的洋壳壳里面，为什么会有那么多抖搂不尽的长袍马褂线装书。父亲骨子里鄙薄女人，男尊女卑的观念很强。在父亲眼里，女人就是男人的附属品。女人依靠男人生活，就得低眉顺眼地服从男人、恭恭敬敬地伺候男人。父亲从没给过母亲以应有的尊重，他似乎从不记得母亲是个知识女性，也从没把母亲那点知识当回事。在这个家里，父亲是"天"。父亲独揽家中大权，大小事概不与母亲商量。

这就苦了母亲了。在这个家里，母亲只剩了从命的份儿，操劳的份儿。从嫁给父亲的那天起，那个在兰陵女学读书的充满幻想的女学生，那个在幼稚园里的热情活泼的女老师就逐渐消失得无影无踪了。王大珩眼里的母亲，是一个永远劳累的身影，是一双永远忙碌的双手，是一副永远疲惫的面孔。吃饭，父亲吃小灶，每顿一个荤菜，因为父亲要在外面做事。母亲则不吃肉菜，不吃好菜，甚至不吃菜，常常只用一块臭豆腐下饭。穿衣，让父亲先穿，撑着门面，因为父亲要在外面做人。母亲则顾了丈夫体面，顾了孩子们整齐，单单舍了自己，没有一件像样的衣服。

这一切，父亲似乎都看不见，都不知道。

很多年以后，大妹用自己挣的第一个月工资为母亲买了一件毛衣和一串香蕉。母亲身上穿着的毛衣是父亲早些年就穿坏了的，上面打着许多补丁，已经看不出毛衣的本色了。

母亲久久地摩挲着新毛衣，粗糙的手把毛衣刮得沙沙作响。母亲说，她做梦也没想到自己这辈子还能穿上一件新毛衣。大妹扒开一个香蕉让母亲吃，母亲尝了一小口，立刻惊讶地说道："哎哟，没想到香蕉有这么好吃！"而后，就立刻不吃了，说："快别给我吃了，怪可惜的。"大姐的眼泪就像断了线的珠子一样忍不住滑落下来。母亲却摩挲着新毛衣，一直在笑。

　　母亲很温顺随和，她处处听从父亲的，从不与父亲发生争执。王大珩不知道母亲是否也有过委屈和抱怨，他只知道生性随和事事依父亲的母亲有一件事却固执得出奇：母亲始终坚持要让女孩子们读书。小时候，王大珩常见母亲身上背着一个，怀里抱着一个，极辛苦地教妹妹们识字。父亲当然不以为然，用重重的语气说道："男孩子读书可以供到大学，女孩子顶了天只能供到高中！"母亲低着头听了，抬起头后却依旧语气平和地对妹妹们说："好好学，替妈争口气。"四个妹妹都在上学前就跟母亲学会了 1000 个字。后来她们又在母亲的支持下，大的供小的，一个供一个地读完了大学。妹妹们参加工作后，母亲继续包揽了她们生活上的一应杂事，洗衣服、做饭、带孩子。妹妹们不忍，母亲还是用平和的语气重复着那句老话："好好工作，替妈争口气。"后来，大妹成了国内外著名的整形专家，二妹当上了妇产科医院院长、著名妇产科专家，三妹是科学家、微生物研究所的研究员，四妹是化工厂的总工程师。四个妹妹中有两个与哥哥一起被收录在了《中国人名大辞典·当代人物卷》中，只是这时候母亲已经不在了。王大珩不知道母亲是不是真的争到了那口气。有时候王大珩会想，即便妹妹们为母亲争得了那口气，母亲此生真的就再没有属于自己的遗憾了吗？

母亲去世前得了一种怪病，关节僵硬，两只手像鸡爪子一样佝偻着，什么也不能干。儿女们都说，母亲这个样子是一生累的。母亲操劳了一辈子，苦了一辈子。王大珩就一直在心里怨恨着父亲。怨恨父亲对母亲的漠视和寡情。直到有一天，王大珩惊讶地发现，在父亲的遗诗中竟有一首专为母亲而做的诗：

> 莺弦再续赋桃夭，
> 室有贤妻慰寂寥。
> 偶遇天寒衣已备，
> 若逢我病药亲调。
> 女红夜课针添线，
> 儿辈书声暮复朝。
> 儒素家门先务急，
> 不叫生计感萧条。

在这首诗的后面，父亲特地注下了这样一句话："余妻平日恒节衣缩食，历久不渝。故余频年无内顾之忧矣。"父亲充满感情地说："操劳犹赖老妻贤，操劳犹赖老妻贤啊！"

王大珩突然明白了，其实父亲什么都知道，什么都看在眼里，父亲的心里什么都有。只是即便知道了、看在眼里了、心里有了，父亲却仍旧还是那个中国式的"老爷子"，父亲的洋壳壳里还仍旧少不了长袍马褂线装书的老瓤子。

父亲是一部尘封的线装书。

自题挽联抱憾而终

父亲直到晚年才迎来了他生命中的第一个也是最后的一个春天。

解放以后，父亲已是年逾古稀的老人了。此时社会安宁，生活稳定，儿女们也早已各自成家立业，父亲终于可以心无挂碍地颐养天年了。但父亲却常常郁郁不乐，他在诗作中感叹道："……而今一事犹惆怅，学业荒芜两鬓丝。"父亲对自己此生不能学而有为始终在心中存着一份深深的遗憾。

1956 年初春的一天，突然有一位客人来家中拜望父亲。拜访者是我国著名历史学家顾颉刚先生。顾颉刚是母亲的外甥，他此行是受中国科学院的委托，专门请父亲出山，为中国科学院担纲编译校正中国古历法和古天文学的重任的。

中国的古历法和古天文学源远流长，但其中很多名词与现在不对应，有些数据不同，计算方法也不一样。而且，经过历代人的刻简转抄，书中留下了很多错误，这些都为现代人研究古历法和古天文学带来了诸多不便。编译校正这些古籍的人，不仅要具有极好的古文基础，而且还要具备精深的天文历法及物理知识。但这两者兼而有之的人并不是很多。顾颉刚因此想到了自己博学多才的姨父，特向中国科学院推荐了父亲。

听罢顾颉刚的来意后，父亲沉吟了许久没有说话。

顾颉刚的心中不免忐忑。一者，他深知老人个性极强。在日伪时期，老人宁肯失业也不愿为日本人做事，曾使出面请他执教的社会名士十分难堪。再者，中国科学院已明确聘的是兼职研究员，说白了就是只做工作而不付薪水报酬的人。对此，老人能不作计较吗！三者，老人已年近八十，进入享乐天年之龄。他能愿意耗费晚年的心血，去做这种无名无利之事吗？想到这里，顾颉刚就觉得心里毫无底数了。

沉吟了一会儿后，父亲突然激动地站了起来。他一把抓住顾颉刚的手，使劲地晃动着说："多谢了，多谢了！多谢你为我觅得这样一个机会！"说罢，仰天长叹道："我能在晚年为国尽微薄之力，则死而无憾矣！"

父亲从此开始了他一生中最为充实的那段晚年生活。每天早上，父亲4点钟准时起床，在黎明的静谧中便秉烛执笔开始了一天的工作。用现代科学解释古代的东西，是一件十分繁杂艰苦的工作。那些天文历法中的数据计算起来非常麻烦，常常需要计算到小数点后的几位数。父亲便抱着算盘，一连几个小时一遍又一遍地核算数据。每一个数据都要反复核算许多遍，直到准确无误方才罢休。无论寒冬酷暑，父亲房中那噼里啪啦的算盘声却总是准时响起，从未中止过。

从 79 岁到 85 岁，父亲用了六年时间对历代史籍律历志中的历法部分进行了注解，并将其集结成册，编译出《中国古历通解》一书的初稿。在此期间，父亲还撰写了许多天文学方面的论文，其中一篇曾被 1961 年召开的全国天文学会采用。这篇用文言文写成的学术论文，后来由父亲的学生翻译成白话文后，在学术杂志上刊载出来。

1960 年，中国科学院有关方面为了表彰父亲在天文历法学研究方面的突出贡献，为父亲颁发了一面大锦旗。锦旗上写着：

> 在总路线的光辉照耀下，为科学史研究工作奋勇当先，无条件地贡献全部知识和力量，堪称社会主义模范老人。
>
> 中国科学院中国自然科学史研究室谨赠
>
> 一九六○年九月二十日

授旗的那一天，是父亲此生最盛大的节日。父亲第一次在儿孙们的簇拥下来到照相馆，照了一张有纪念意义的全家福。照片上，锦旗置于中央最醒目的位置，父亲和母亲端坐在锦旗两侧。父亲的脸微昂着，脸上流露出自信的神情。

《中国古历通解》一书编撰完成以后，父亲发现有必要再写一本书，对《通解》中的许多未尽事宜进行"补遗"。父亲毫不迟疑地立刻开始着手"补遗"的准备工作。但是当"补遗"工作所需一应材料全部准备就绪，正要开始动笔的时候，父亲却突然病倒了。

住院期间，这位87岁高龄的老人始终念念不忘"补遗"，他在一首自寿诗中写道：

> 八七高龄食报施，
> 壮行厄运反心期。
> 老残年事诚哉是，
> 消化机能甚矣衰。
> 理数决疑将率算，
> 死生有命不谁欺。
> 苍天许我微延寿，
> 历法成书做"补遗"。

父亲还满怀希望地在诗后注道：

> 今幸天假吾年，得在北大病院治愈此疑难症候。俾得完成这项重要之"补遗"工作，以尽式微之贡献，未始非余晚年意外之收获。不禁欣喜若狂，爰为之特记于此诗内。

父亲重病在身之际,想的还是报效祖国。他自知生死有命,无意长生不老,只想祈求苍天能稍微延长他的寿命,让他写完"补遗"一书。父亲把"补遗"工作看得很重很重,在父亲看来,这是自己晚年的一个意外收获,并有可能成为自己此生最重要的一部著作。一生从不肯屈尊求人的父亲,竟在这里苦苦地乞求"苍天许我微延寿",希望自己能用抢得时间来完成"历法成书做'补遗'"的工作。但苍天不解人意。父亲的病情不仅没有好转,反而一天比一天沉重了。

1964 年 1 月 5 日,自知回天无力的父亲,在病榻上提笔为自己题写了一副挽联,表达了自己"补遗"不成,难以瞑目的深深遗憾之情:

> 人谁不死,唯晚岁虽成通解未作补遗,殊难瞑目。
> 我赋日归,愿儿曹各业专门稳登岗位,饶有信心。
> 一九六四年一月五日　更生老人自挽

一个月后,父亲带着深深的遗憾溘然辞世。

父亲的名字叫王应伟,字硕辅,晚年自号更生老人。

父亲去世的这一天,恰巧是儿子的生日。在生与死共处的这个日子里,两个生命完成了自己的交接仪式。父亲临走之前,一定是把自己生命中最宝贵的那部分割舍下来,留给了儿子,留给了延续着的生命。

第三章　梦游清华园

一口气考上了三所大学

　　从小学、中学到大学，王大珩上的每一所学校在中国教育史上都是赫赫有名的，都有一段可与人言说的历史。

　　王大珩五岁上孔德学校读书时，孔德学校建校还不到三年。这所学校是蔡元培、李石曾和北大教授沈尹默、马幼渔、马叔平等学者于1917年创办的。当时正值"五四"前后，中国的教育改革方兴未艾，北京大学校长蔡元培和教授李石曾积极从事中法两国间教育事业的交流，试图为中小学教育注入新鲜血液，就与诸位志同道合的学者共同创办了孔德学校。

　　学校的名字"孔德"，取自法国实证主义哲学家奥古斯特·孔德的姓。孔德曾是空想社会主义者圣西门的秘书，他是法国实证主义哲学家，又是社会学的创始人。孔德的思想理论当时在欧洲有很大的影响，年轻时的居里夫人就曾深受影响。虽然居里夫人后来并没有走上社会学的道路，而是成为了一名杰出的科学家，但曾经在很长的一段时间里，居里夫人一直自称是个"实证的理想主义者"。学者们用孔德的名字来为学校命名，求"科学实证"之意，无疑表明了他们进步的思想倾向。蔡元培先生曾在一篇演说中阐述孔德学校的办学宗旨："我们是取他注重科学的精神，研究社会组织的主义来做我们的教育的宗旨。为注重科学的精神，所以各科教学偏重实地观察，不单靠书本同教师的讲授。要偏重图画、手工、音乐和体育运动等科，给学生练习视觉、听觉……"

得新文化运动之先，孔德学校的教育带有明显的民主科学的清新色彩，许多教育举措在当时都走在了前面。在北洋教育部1919年颁令国文改国语之前，孔德学校就已经开始使用国语教科书了。当时，沈尹默、马幼渔、钱玄同、陈大齐等北大教授，还以"新教育研究会"的名义为孔德学校编写了小学一年级学生用的国语课本。课本的内容有短语、儿歌、故事等，每个字都有注音，还配有徐悲鸿画的插图。在小学一年级国语课本中先教注音字母，这在当时是一种全新的试验。

孔德学校堪称北大的子弟学校，蔡元培任名誉校长，主持校务的是北大中文系马隅卿先生，沈尹默则当过一段时间的教务长。创办之初，北大的沈尹默、马幼渔、周作人、钱玄同、沈兼士等许多知名教授都曾在孔德兼课。当时许多北大教职员工的孩子也都在孔德读书，其中有蔡元培的女儿、胡适的孩子、钱玄同的儿子、李大钊的儿子、沈尹默的儿子、周作人的儿子等。那时孔德学校拥有超过 20 亩地的校舍和藏书 604 万册的图书馆，就连鲁迅都曾到这里来借书查资料。

初中王大珩上的是北京汇文中学。

汇文的历史更为悠久，创建于 1871 年（清同治十年）。是中国最早的教会中学。王大珩上汇文中学时，汇文就已经建校 50 多年了。当时，汇文的登籍学生不仅遍布全国各省、市，而且远及国外，有日本、朝鲜、巴西、美国、英国、俄国等多国留学生。北京大学的前身燕京大学，就是在 1918 年由汇文大学部与华北协和大学及通州协和女子大学合并而成的。

汇文起初一直是由美国人当校长，王大珩进汇文之前，曾有七位美国人在汇文任校长。王大珩上汇文时，校长已经由中国人高凤山先生担任了。高凤山先生就是汇文培养出来的，他曾在汇文读书，获汇文大学文科学士。后去美国，获美国西北大学文科硕士、美国波士顿大学哲学博士等学位。人们都说，凭高凤山校长的学历，他在政府里谋个一官半职，或者做买卖发财，是完全可以的。还说曾有朋友请他到美国协助搞实业，但被他拒绝了。高凤山是立志要在中国办教育，走教育救国的道路。他任汇文校长长达 23 年，把毕生精力都倾注在了中等教育事业上。

汇文的校训很出名，"好学近乎智，力行近乎仁，知耻近乎勇。"这个校训是北大校长蔡元培先生在 1919 年为汇文中学题写的。高凤山校长执掌汇文之后，又提出了"全人教育"

的办学宗旨，要求把学生培养成德、智、体全面发展的"一个完全人"。据说，当年汇文学校的活动非常丰富，仅运动场里就有48种运动项目。每天下午4点到6点，所有的图书馆、自修室全部锁门，不让学生待在屋子里。高凤山校长有句名言："健全的头脑只寓于健康的身体之中（A strong mind in astrongbody）。"这句名言至今还被老汇文校友们津津乐道。

汇文的学生果然如高凤山校长期待的那样，出了很多各界精英——彭雪枫将军就是汇文的学生。他1926年转入汇文读书，还担任过中共汇文中学党支部的书记。从汇文出来的革命家中还有著名的佩剑将军张克侠和张学良的胞弟张学思。汇文在学界的名人更多，其中有科学家、教育家、作家、戏剧大师、国文大师等。据说，仅中国科学院和中国工程院院士就有30多人，其中自然也包括王大珩。

王大珩在汇文初中毕业时的成绩十分优异，算学和科学两科都考了第一名，顺利进入了汇文高中。但上高中后不久，父亲就调动工作去青岛天文台了。见父亲只身去青岛，家仍旧留在北平，王大珩心里很是高兴，终于可以躲开父亲，可以自由自在地呼吸了。但没有想到父亲却决定把王大珩也带到青岛去，让儿子跟在自己身边，以便继续督促、指导他读书。王大珩打心眼儿里不愿意跟父亲去，但他知道自己拗不过父亲，知道在这个家里谁也拗不过父亲，只好快快地随父亲去了青岛，进青岛的礼贤中学去读书了。

礼贤中学是德国人理查德·威廉在1901年创办的，是青岛著名的教会学校。对理查德·威廉这个名字，许多中国人都会感到陌生，但若提起他的中国名字卫礼贤，中国人就十分熟悉了。卫礼贤是一位在国际上享有盛名的汉学家，对中西文化的交流起到了积极作用。他于1899年以传教士的身份来到中国后，在中国生活了20多年。期间，卫礼贤一直从事慈善及教育事业，并与康有为及清末学者劳乃宣等人交往甚密。他对中国文化有着很深刻的理解，曾在劳乃宣的帮助下将《易经》翻译成德文出版。卫礼贤把中国文化介绍到西方后，对继弗洛伊德之后在西方最有影响的精神分析学家卡尔·荣格的心理学思想的形成产生过重要的影响。卫礼贤尊孔敬儒，因此取"礼贤"二字为自己的中文名字。在青岛创办的礼贤中学，就是以他的中文名字命名的。

因了卫礼贤，站在中西文化交汇点上的礼贤中学就很有了些不同。最显眼的就是在学校的西花园中建有一座尊孔文社藏书楼。这是卫礼贤为表达自己尊崇孔夫子的意思而执意要求建造的。藏书楼中珍藏着的大量古今中外书籍，为这所普通的中学创造了浓厚的治学氛围。卫礼贤提出的办学方针是"有教无类，一视同仁""中学为体，西学为用"，并要求"凡入校习德文的少年，必须精通中文"，这在"废科举、兴学堂"的清朝末年，受到了广泛的欢迎。礼贤中学也因此成为了北方一所知名的新型学堂。当年，清政府因卫礼贤办学卓有成效，还曾颁御旨赏给了他四品顶戴。

王大珩在礼贤中学读书时，卫礼贤已经回德国去了，在

任的校长是著名建筑师刘铨法。刘铨法也是个很值得言说的
人，他从 1923 年开始担任校长，在任 30 年竟从没拿过一分
钱的俸禄。刘铨法靠建筑设计养家糊口，却把主要精力投入
到教育上，把礼贤中学办得有声有色。当时，礼贤中学是青
岛最好的学校，师资力量极强，教师中有很多外籍人士和留
学归国人员。单就王大珩班上来说，教物理课的就是一位瑞
士籍物理学博士，教化学课的是一位留学德国的化学博士，
而教地理课的则是一位德国地质学博士。还有一对德国夫妇
负责英语教学，丈夫是博士，王大珩记得那位妻子的英语发
音十分标准，是地道的伦敦口音。在这些教师中，王大珩最
喜欢的就是那位教物理课的瑞士先生。这是因为瑞士先生总
是能想方设法为学生们做出种种有趣的物理实验，这在当时
落后的教育条件下，是其他任何同类学校都无法比拟的。正
因于此，王大珩就是从那时起，喜欢上了实验，养成了动手
的习惯，对物理产生了浓厚的兴趣。

1932 年，王大珩于礼贤高中毕业。在父亲的支持下，他
一口气报考了三所大学：南开大学、青岛大学和清华大学。
过了不久，报上陆续刊出了各大学的录取通知，他竟被这三
所大学同时录取了。在南开大学和青岛大学的榜上，王大珩
都占据着第一名。在清华大学的榜上，王大珩排在第 15 名。

"当然要上清华大学！"父亲用不容置疑的口气断然说道。

去清华上学之前，王大珩来向父亲辞行。父亲仍旧板着
脸，冷冷地端坐在自己的座位上，不动，也不出来为儿子送行。

只是，父亲的目光一直没离开过儿子，就那样默默地看着儿子，看着儿子走出了自己的视线，走向了更远的地方……

最崇敬的先生——叶企孙

17 岁的王大珩带着简单的行李，独自站在清华大学的校门前。

他仰头看着门楣，对着出自清末要臣那桐之手的"清华园"三个大字定了定神，这才迈步走了进去。进入绿荫浓重的校园，穿行在这座从前的皇家园林中间，王大珩忽然想起了考清华时的作文题目——《梦游清华园记》，不由微微笑了起来。这个题目出得好，王大珩想，它让那些渴望走进清华而又从未见过清华的学子们张开想象的翅膀，先在自己心目中的清华园里自由翱翔了一回。如今，王大珩终于走进了清华园，走进了这个自己曾经梦游过的地方，走进了这个托举自己梦想的地方。

在报到处，王大珩看到有位先生正在接待想要上物理系的学生。每来一位学生，这位先生都是先查看分数簿，查完分数后再决定是不是给对方办手续。分数合适的简单问几句就给办手续了，看到分数不合适，就诚恳地劝说对方放弃，直言相告学物理会面临许多困难，不仅修完全部课程很难，毕业后也不容易找到一份合适的工作。结果很多想进物理系的学生都在这位先生的劝说下自动放弃了。也有个别不愿意放弃的同学，怀疑先生嫌自己分数低，缠着先生问分数。但先生就是不肯说出分数，只是一再劝说。很明显，那位先生是不愿意伤害任何一个学生的自尊心。王大珩忍不住悄悄问身旁的人这位先生是谁，当听说他就是叶企孙先生时，不禁十分惊讶。王大珩很早就从父亲那里听说过叶企孙先生，因为父亲对叶先生十分推崇，所以王大珩也一直渴望能见到叶先生，没想到刚进清华园就看到了叶企孙先生。王大珩在一旁默默地观察着叶企孙先生，见先生一副文质彬彬的学者模样，说起话来多少有些口吃，但目光聪明敏锐，表情和蔼真诚。轮到王大珩时，他心里紧张极了，生怕自己会被叶先生拒绝，一时连话都说不利落了。没想到叶先生查看过分数后，只深深地看了他一眼，什么也没问就给他办了手续！王大珩长长地松了一口气，这才踏实下来。

王大珩十分幸运，他求学的清华大学物理系，当时云集了一大批包括叶企孙、熊庆来、吴有训、萨本栋、周培源、赵忠尧等人在内的具有很高学术造诣的理学教授。这些教授大多是从国外学成回国的，不仅授课有方、教学能力极强，还能开展科学研究工作。如此强的师资阵容和能集教学与科研于一体的办学条件，在旧中国的教育体系中实属凤毛麟角。不过，在清华物理系的所有师长中，对王大珩影响最大的还要数叶企孙先生了。

叶企孙先生是清华大学理学院院长、物理系主任。他出身于书香门第，父亲是前清举人，在早期的清华学堂讲授过国学课程。叶企孙先生曾留学美国，获得了芝加哥大学理学博士学位和哈佛大学哲学博士学位。在攻读博士期间，他就与导师合作测定出了普朗克常数数值，这一成果后来被国际物理学界沿用了长达 16 年之久。叶企孙是一位学术造诣极深的人。他思维敏捷，教学方法灵活独到，讲课从不照本宣科。他不仅有很重的上海口音而且还有口吃，但这丝毫不影响他把那些基本概念讲得清晰易懂。叶先生负责讲授的热力学是最难懂的课程之一，但他极善于把握关键，每当讲到重要的地方，总是不厌其烦地反复强调、重点讲解，直到学生真正透彻理解为止。叶先生讲课最突出的特点还在于他十分注重跟踪国外最新研究成果，注重开阔学生的眼界。他讲同一个课题，每年所举的例子都不相同，甚至不同班次的都不相同。因为他总是要在自己的讲义中随时补充进去最新的例子和最近的发展成果。这种授课方式很接近国外那些高水平的教授。叶先生的考试也与众不同。他常根据学生的不同情况给学生出不同的题目。有一次考统计物理学时，叶先生给王大珩单独出了一道题。他先给了王大珩一本德文版的统计物理学专著，让王大珩先把这本专著看完后，再根据专著中的论点写出一篇有自己见解的文章。在接过叶先生递过来的专著时，王大珩心里直打鼓。因为他在礼贤中学只学过一点点的德文，凭自己那点可怜的德文底子要读完这本专著，还要读出自己的见解来，实在是有点勉为其难。但叶先生却毫无通融余地。逼得没有办法，王大珩只好起早贪黑，整天抱着德文字典一个字一个字地抠，费了九牛二虎之力，好不容易才把那篇专著啃了下来。结果，这次统计物理学的考试促使王大珩的德文水平在极短时间内上了一大步台阶，为王大珩打下了良好的德文基础。

叶先生终身未娶，多年来一直是独自一人生活，身边只有一个老男佣。王大珩和同学们无事时常喜欢往叶先生处跑。虽然叶先生在为人处事上书卷气很浓，从没有多少客套话和格外热情的表达，但却从不令学生有冷淡和生分之感。学生们对叶先生的人格、人品有一种很深的信赖，只要碰到困难首先就会想到去找叶先生。当年，于光远是王大珩的同班同学。同学们见于光远在生活上十分拮据，就跑去找叶先生，请他帮于光远想个办法。叶先生当时并没说什么，但之后很快就为于光远找到了一份到中学代课教书的差事，让他能挣点薪水补贴生活。要知道，清华当时是不允许在读学生去外面兼职的，要上上下下做多少工作，学校才肯对于光远网开一面。但事后，叶先生对自己的努力却只字不提。

卢沟桥事变后，叶先生积极支持我党在冀中根据地的抗日活动。他通过曾给他当过助教的冀中军区供给部研究所所长熊大缜，一面介绍清华大学学生到冀中根据地参加工作，一面筹集资金为吕正操部研制黄色炸药、购买电台和医药用品。蔡元培先生曾在日记中记载过叶先生四处筹款的活动。蔡元培先生写道："致孙夫人函，由企孙携去。……企孙言平津理科大学生在天津制造炸药，轰炸敌军通过之桥梁，有成效。第一批经费借用清华大学备用之公款万余元，已用罄，须别筹，拟往访孙夫人，嘱作函介绍，允之。"

"一二·一"运动时，叶先生以西南联大常委会主席的身份主祭在"一二·一"运动中牺牲的四烈士。他亲自出面与当时的云南省主席、昆明卫戍司令交涉，要求保护学生，允许学生抬棺游行，并积极组织法律委员会处理惨案控诉事件，伸张正义。

北平解放前夕，国民党政府派飞机到北平，准备把文化界的名人接到南京去。清华大学校长梅贻琦和叶先生都在拟接人员名单之内，但叶先生却没有和梅贻琦一起走。叶先生早已对国民党失去了信心，对共产党抱着深切的希望，他拒绝了国民党的邀请，毅然留下来等待北平的解放。

但后来，叶先生却在文革期间因熊大缜的冤案受到牵连，被投入了监狱。

熊大缜是叶先生的助教，清华有名的才子。当年熊大缜本来已经准备去德国留学了，但卢沟桥事变后，这个热血青年却放弃一切，去了冀中根据地，参加了抗日的队伍。当时，熊大缜在吕正操手下当供给部部长，所需的很多人才和物资都是通过叶企孙先生帮助解决的。但1939年，熊大缜却在锄奸运动中被污为特务杀害了，年仅26岁。叶先生与熊大缜情同父子，他了解熊大缜，打心眼儿里喜欢这个有才气、有活力、有热情的年轻人。叶先生从来就不相信熊大缜会是特务。

叶企孙先生被放出来之后，王大珩去看望他。记得那是一个秋末冬初的夜晚，王大珩小心翼翼地敲响了叶先生那冷清的家门。等了很久，叶先生才弓着身子出来开门。与先生四目相望的那一刻，王大珩梗在那里一句话也说不出来了。许多年没见面，如今先生面容憔悴，表情木然，举止迟缓，目光中的灵动已全然不见了。王大珩知道先生这些年受了很多的苦，但还是没想到先生的变化竟会这么大。师生二人没有任何客套式的寒暄，只默默地相引着走进房间。

叶先生告诉王大珩，自己因为熊大缜的牵连，被怀疑是国民党特务，在监狱关押了一年多。虽然现在释放了，但仍处于继续接受审查的阶段。

王大珩不知道该说什么好。熊大缜是王大珩的学长，尽管他不了解熊大缜，但这位当年名满清华的才子曾给他留下过很深的印象。王大珩至今还记得熊大缜那英俊开朗的容貌，记得他在校园各项活动中活跃的身影。与叶先生一样，王大珩也不相信熊大缜是特务。他不相信一个在国难当头时挺身而出的人会是特务，不相信一个为救国而甘愿放弃个人前途的人会是特务，不相信一个把自己的先生、同学都吸引到抗日阵营中的人会是特务。听说熊大缜在被处死前竟提出不要枪毙他，他宁肯被石头砸死好省下子弹去杀日本鬼子，王大珩怎么也无法相信做出这种壮举的人会是特务！

师生二人相对而坐，许久无言。

正是秋冬之交的落寞时节，窗外瑟瑟的秋风把枯叶操纵得漫天飞舞，初冬的寒意趁机推搡着门窗，从破败的缝隙中哄挤进来，肆虐地占据了一切空间，心的每一个角落都被拥堵得满满的。

冷，他们都感到了一种沁入骨髓的冷。

离开叶先生家的时候，天色已经很晚了。走出大门外，王大珩忍不住又回头看了一眼，黑暗中久久地伫立着先生那郁郁孤独的身影。先生是明显地衰老了。那一刻，王大珩心里突然有些惶然，他为先生担忧，不知道先生独自一人能否平安地走过这个凛冽的严冬，不知道前面等待先生的还有些什么。

那以后，有关先生的消息就越来越糟糕了。有传言说先生的精神越来越差，甚至干脆就说先生疯了，说看到先生弓着背、穿着破棉鞋踯躅街头……后来，就得到了先生病逝的消息。

叶企孙先生的问题至死也没能搞清楚。直到 1986 年，有关方面为熊大缜平反昭雪，叶先生的问题才随之得到了解决。只是此时，熊大缜已默默含冤九泉近半个世纪之久，叶先生也已故去几年了。

81 岁时，王大珩在接受采访时曾有过下面一段对话：

在您一生中，哪位先生对您的影响最大？

叶企孙，叶先生。

他对您的影响是否主要是在治学方面？

不！不仅是做学问，更主要的是做人。

做人？

对，做人！叶先生做人真诚正直，不瘟不火。无论在任何情况下，他从不哗众取宠，也绝不趋炎附势。

您最钦佩叶先生的是什么？

他有一颗诚挚的爱国之心。只要是对国家民族有利的事情，他就一定要倾尽自己全力去做，而且无怨无悔。我常记起与叶先生最后一次见面的那个晚上，即便在那个时候，即使是面对我，叶先生也没有一句怨言。

最要好的同学——钱三强

在清华的所有同学中，王大珩最要好的就数钱三强了。王大珩与钱三强相识七十载，两度同窗，终生相交。在王大珩一生中几个关键的转折时刻，钱三强都起到了极其重要的作用，发挥了积极的影响。他们两人在几十年的风风雨雨中结下了深厚的友情。

20世纪80年代以后，王大珩从长春调到北京。当时，中国科学院有两处宿舍可供王大珩挑选。一处在三里河，一处在中关村。两处相比，三里河地理位置好，离市区近一些，房子面积也大。都以为王大珩肯定会要三里河的房子，没想到王大珩同老伴商量后说，就住中关村吧，三强他们都住在中关村，离三强近一点，互相走动起来也方便。于是，就把家搬到了离市区较远、房子较差的中关村。

每当提起这件事，王大珩的老伴常温厚地笑他说："他就是这个样子的，恋群，恋老朋友。恋得很呐！"

上大学后，直到三年级以前，王大珩和钱三强两人还谁都不知道他们以前就曾做过同学。大三以后，他们之间的关系已经很密切了。有一次，他俩坐在窗台上闲聊。聊着聊着，两人突然发现，他们都曾在孔德学校读过书，而且是在同一个班级！他们不由得感到十分奇怪，为什么同学几年，互相会没有一点印象呢？说了半天才弄明白，原来问题出在他们各自的名字上。钱三强的名字是后来改的，他在孔德学校读书时的名字叫钱秉穹。他是自己为了自励自勉，执意更名为"三强"的。王大珩自然不会知道钱三强就是在孔德学校时坐在后面那个高个子同学钱秉穹了。而王大珩在孔德学校时，是一直被同学们错称为"王大行"。王大珩名字中的"珩"字太生僻，初上学时，同学们都不认识，就随便读作了"行"。反正名字已经叫开了，王大珩也就将错就错没去纠正。因此，在钱三强的印象中，他的孔德学校同学里当然只有一个叫王大行的年纪最小的同学，而没有一个叫王大珩的了。

最初引起王大珩注意钱三强的是其那不同于自己的灵活

的学习方法和活跃的思维能力。上大学后，王大珩一直是班上公认的好学生，书读得扎实，考试成绩也好。钱三强的成绩虽然不及王大珩，但钱三强读书多，知识面广，思维十分活跃。第一年普通物理课程结束时，先生从下一步将要学习的课程中找出了几道难题，让学生们自己去琢磨推敲。开始王大珩一头钻进了死胡同，思路一直打不开。正在王大珩死抠死算怎么也解不开这几道题的时候，碰巧钱三强与王大珩谈起了他最近读到的几本相关的书，谈到了书中最使他感兴趣的一些论点和自己的体会。虽然，钱三强谈的问题与王大珩所做的题目没有直接的关系，但他的思维方式和论点却提醒了王大珩。与钱三强谈过话后，王大珩发现自己的思路仿佛突然间打开了，很快就把那几道题做了出来。从此，王大珩十分喜欢与钱三强在一起。他觉得钱三强身上有许多自己所不具备的优点。

大学三年级时，全班 10 个同学组织了一个"读书会"。读书会要求每个同学都要准备一个课堂以外的题目，拿到读书会上为大家讲解。王大珩经过认真的准备，从经典材料中选择了一个热力学中与辐射有关系的题目。他的题目做得很出色，在读书会上讲得也很成功。王大珩本来觉得自己还不错，但听了钱三强做的题目后，他立刻发觉了自己的差距。当时，核物理学的研究刚刚开始，钱三强选择的就是这一前沿学科中有关人工放射性方面的题目。仅从各自不同的选题上，王大珩就看出了自己与钱三强的高下之分：钱三强的眼睛总是盯着前面新的东西，热衷于了解新学科的发展方向。而自己更多的则是死读书，喜欢抠书本，钻研过去的理论。很多年以后，王大珩每当谈起这件事时，还总是真诚地说："你们看看，我就是个死读书的人。三强比我强。三强书读得多，读得活，看问题具有创见性。"

聪明人之所以聪明，往往就在于他总是能看到别人身上的优点，并从别人的长处中反思自己的不足。聪明人之所以聪明，还在于他总是能及时地割舍掉自己的缺点，迅速地从别人身上吸取更多的精华。从这个意义上讲，王大珩就是极聪明的一个。王大珩通过钱三强那不同于自己的新鲜、活跃、无拘无束的学习方法中，看出了自己思维中的拘谨、保守倾向。他开始认识到了父亲封建家长式教育给自己留下的阴影。

王大珩的父亲和钱三强的父亲同为一代知识分子，又都是留日归国学生，但他们的思想观念却截然不同。钱三强的父亲钱玄同是北京大学教授、北京师范大学国文系主任。他是"五四"时期新文化运动的主要参加者，又是《新青年》杂志的编委，一直积极从事国语运动和语文改革活动。早在日本留学期间，钱玄同就与鲁迅相识，他们曾作为同学在一起听章太炎先生讲授文字学。鲁迅先生的第一篇小说《狂人日记》就是应钱玄同之约为《新青年》撰写的。钱玄同属于同时代知识分子中思想比较活跃，对旧传统观念的反叛意识比较强烈的那一部分人。因此，钱三强的家庭中的学术氛围和民主空气就比较浓。而王大珩的父亲在同时代知识分子中却是属于那种比较保守的，传统观念和封建色彩比较浓厚的一类人。在钱三强的家里，父子可以对话，可以在一起平等地探讨问题。但在王大珩的家里，父子间是不对等的。父亲对儿子采取的是灌输式的教育方式，始终在儿子面前保持着绝对权威。这两种不同的家庭氛围和教育方式必定会造就出不同的人。

能悟出这一点，对王大珩来说是十分难能可贵。从此，王大珩开始有意识地摆脱封建式家庭教育给自己带来的影响，有意识地培养自己的创造性思维。可以说，这一思想的觉悟是王大珩开始走向成熟的标志，它使王大珩能够反思家庭为自己带来的思想藩篱的束缚，使王大珩有可能突破自身的局限，为今后在科学的无垠空间里展翅翱翔打下了基础。而在这一思想的觉悟过程中，钱三强对王大珩的影响无疑是至关重要的。

1992年钱三强病逝。噩耗传来，王大珩不胜悲哀。是夜，对着茫茫穹宇、满目星辰，王大珩夜不能寐，思绪万千。与钱三强七十载相识之情如昨日风景，历历在目。思念中，三强兄忽英姿勃勃谈笑而来，忽默默无言抽身而去。不知不觉间，清泪尽垂衣襟。少顷，王大珩翻身而起，含泪提笔，一挥而就，写下《沉痛悼念钱三强同志》诗一首，以寄哀思：

幼自更名志气先，人道少年非等闲。

四载清华攻"牛爱"，一朝出国成大贤。

纷纭战火历辛苦，难得何姐结良缘。

诚赞华夏有居里，铀核三分创新篇。

祖国革命换人间，英才驰骋有地天。

计穷顽敌施细菌，敢邀正义揭凶焰。

两研纵横继往业，一院科学展宏颜。

原子大事奠基业，春雷一声秉穹轩。

十年动乱耐磨练，响应改革志趣坚。

霞光照晚红灼灼，赢得国际好名衔。

须知继业满桃李，荣哉奋拓半百年。

相识七旬称莫逆，哀悼挚友痛心弦。

那些报国无门的颠沛日子

1936 年，王大珩以优异的成绩于清华大学物理系毕业。

不知是命运的安排还是偶然的巧合，毕业时，王大珩在叶企孙先生的指导下做了一篇光学方面的论文。从表面上看，这篇毕业论文似乎与王大珩后来从事光学事业没有什么直接的联系，但它与王大珩幼年时从水碗中看到的光学现象一样，毕竟都是王大珩生命历程中的一个点。而一个人的生命轨迹就是由这许许多多看起来仿佛毫无联系的点连缀起来的。

　　毕业后，王大珩先是留在清华当了半年助教，后来因争取到"史量才奖学金"，就转而攻读研究生了。"史量才奖学金"是当时上海《申报》的老板史量才为研究生设立的，清华大学每年只给两个名额，物理系当年只有一个名额。王大珩考得了"史量才奖学金"后，立刻转到赵忠尧先生门下读核物理专业的研究生。按一般规律，王大珩今后的发展方向就是核物理学了。如果不发生特殊情况，王大珩理应成为一个核物理学家的。但就在这时，发生了震惊中国和世界的卢沟桥事变，王大珩和许许多多中国人的命运因此被改变了。

　　卢沟桥事变的当天，王大珩正在实验室里，与赵忠尧先生一起做一个核物理中有关中子方面的实验。这突然而至的消息，如同中子弹爆炸一般，震惊了在场的所有人。王大珩中止手中的实验，匆匆走出实验室后才发现，华北的天空早已阴云密布，北平已经陷入了一片混乱之中。

　　蓄谋已久的日本人趁着卢沟桥头未烬的硝烟，正在迅速地从东北调集大批增援部队。一批又一批的日本军队开始大张旗鼓地向华北集结，杀气腾腾地直扑北平。

　　北平危在旦夕！华北危在旦夕！中国危在旦夕！北平城中一片混乱，商店闭市，工厂停工，学校停课。人们四处投亲靠友，纷纷设法逃离北平。火车站、汽车站到处人山人海，车厢里、站台上挤满了急于外出逃难的人群。书是无论如何也念不下去了。王大珩与家人商议后,决定随周培源先生一起，去南方寻找出路。

　　南下的船上，挤满了逃难的人群。人们在过道里、甲板上席地而坐，脸上带着极度的恐慌和疲惫。上船后，王大珩始终没有说过一句话，一直默默地望着波涛翻卷的海面。

　　正是日落时分，太阳沉重得如同灌了铅一般，正缓缓地向海面沉去。在即将被海水吞没前的一刹那，太阳突然挣扎着跳了一下，把最后的一腔热血喷射出来。一瞬间，天空明亮如昼，海水腥红似血。太阳随即便彻底沉入海中了。四周一下子暗淡了。甲板上的人们突然安静下来，很久没有人说话。沉默中，一种深切的悲痛悄悄地在人群中蔓延开来。

　　不知过了多久，忽然有人轻声唱起了歌。王大珩抬头看去，是几个东北流亡学生。那充满着忧伤的歌声一下子就把王大珩的心紧紧地抓住了："我的家在东北松花江上，那里有森林煤矿，还有那满山遍野的大豆高粱……"接着，歌声突然激昂起来："九一八，九一八，在那个悲惨的时候……"当听到"流浪，流浪，整日价在关内，流浪！……爹娘啊，爹娘啊。什么时候，才能欢聚在一堂？！"的时候，王大珩眼中的泪水终于忍不住泉涌般地流淌下来。

　　歌声停止时，船上的人们已经哭成了一片。这首歌立刻在人们的心中唤起了共鸣。人们随着东北流亡学生唱了一遍又一遍，哭了一回又一回。那一夜，船上的人几乎一夜没睡。整整唱了一夜，哭了一夜。

　　王大珩随周培源先生全家跟着逃难的人流从天津到青岛，从青岛到上海，又从上海来到了宜兴。一路上，王大珩思绪万千，想了很多很多。过去，他只是从父亲的嘴里听说过惨烈的甲午战争给中国人带来的屈辱，听说过八国联军在中国这块土地上犯下的滔天罪行。但那时毕竟只是听说，没有切身的感受。现在，他亲眼看到了列强侵略的现实，亲身体验到了亡国的威胁，这一切强烈地冲击着王大珩，父亲早年有意无意地播在他心中的民族责任感和忧患意识，在这强烈的冲击下猛然觉醒了。

到宜兴后，周先生准备携全家在老家宜兴暂住一段。临分手前，周先生问王大珩下一步有什么打算？王大珩脱口就说："我要去兵工厂！"看到周先生询问的神情，王大珩解释说："周先生，这一路上我一直在想，现在正值国难当头的时刻，我应该为国家做点什么。我们不是常说，"国家兴亡，匹夫有责吗。"可是，我实在不知道自己究竟能为国家做点什么。想来想去，我能做到的可能也只有用我所学的那些东西，在兵工方面尽点力了。我想请您把我介绍到兵工部门去！"王大珩的话音刚落，周培源先生一下子抓住王大珩的手，连声说道："好！好！我这就写信！"周先生当即提笔给自己熟悉的南京弹道研究所丁所长写了一封信，推荐王大珩去那里工作。

告别周培源先生后，王大珩匆匆赶到南京，找到了南京弹道研究所的丁所长。虽然，丁所长见了周先生的亲笔推荐信后欣然接受了王大珩，但是，仅仅一个月后，日本人就逼近了南京。王大珩还没来得及参加工作，弹道研究所就撤退了。王大珩只好随撤退的人流一路风尘转到了武汉。

来到武汉后，王大珩暂时留在兵工厂工作。但在当时那种兵荒马乱的情况下，兵工厂已经无法正常工作了。眼看自己致力于兵工事业的想法付诸东流，眼看着江河沦丧却报国无门，王大珩心里十分痛苦。就在这时，传来了赴英国"庚款留学"开始招考的消息，王大珩立刻就报名了。

赴英"庚款留学"两年招考一届，每届招收 20 名。1938年这一届共有 400 多人参加了报考。这一年的物理专业只有两个名额，一个是理论物理专业，一个是应用光学专业。王大珩因为毕业论文做的是一个光学方面的实验，又由于自己向来对物理实验极感兴趣，便报考了其中的应用光学专业。

考场设在汉口，考试共持续了两天。一走进考场，王大珩就抑制不住地激动起来。很久没进考场了，他喜欢考场里那严肃认真的气氛，喜欢在考卷上挥洒自如的感觉。他甚至想起了父亲那句硬硬的苏州话："考胚！"

一展开卷子，王大珩的心立刻就平静下来了。他审视着卷面上一道道的题，从不同的出题方法和内容上，他几乎毫不费力就能猜出哪些题是出自哪位先生之手。普通物理题一定是吴有训先生出的，而光学题则肯定出自严济慈先生。……王大珩满怀信心地抽出笔，俯在考卷上"沙沙沙"地一路顺利答了下去。

刚考完试，王大珩所在的兵工厂就离开武汉撤退到衡阳乡下了。衡阳的乡下很闭塞，住在那里与外界失去了一切联系。

里面的人出不去，外面的消息进不来，王大珩被困在乡下干着急。他心里明白，如此下去，即使自己考上了也会因为得不到消息不能按时报到而失去这个机会。眼看着时间一天天地过去，王大珩几乎彻底失望了。就在王大珩已经不抱任何希望了的时候，有一天，一位同事突然从武汉来了。一见面，这位同事就笑呵呵地朝着王大珩嚷嚷道："请客！请客！"说罢，塞给王大珩一张登载着录取名单的报纸。只看了一眼，王大珩就一屁股坐了下来，长长地吁了口气——他考上了，距报到时间只剩一个星期。

王大珩离国时的情景与30年前父亲离国时的情景几乎毫无二致——

当年，父亲是在甲午战争炮火的敦促下走出国门的，如今，王大珩是在卢沟桥事变的炮声震撼下离开祖国的；

当年父亲所去的日本和如今王大珩所去的英国，都是近代史上对中国伤害最深的国家；

当年父亲所抱的理想和如今王大珩所怀的志向，都是忍辱求学，走科学救国的道路；

当年，没有一个亲人来为父亲送行，父亲是孤身一人登上渡轮，告别祖国的。如今，王大珩身边也没有一个亲人。他已经与亲人们失去联络很久了，他甚至不知道陷于日寇占领中的亲人们是否依旧活着，不知道他们即便活着又该怎样生存。

与30年前的父亲一样，王大珩俯在船舷上，默默地望着眼前那片渐渐远去的土地，默默地望着还在战火中呻吟着的祖国，泪水一下浸湿了双眼。

第四章　留英十年

伦敦的雾

　　雾，到处都是雾。黏稠的浓雾濡湿了太阳的眼睛，濡湿了城市的毛孔，濡湿了人们的脚步。一切都变得沉甸甸的了。

　　英国以其特有的绅士般彬彬有礼的冷淡接待了王大珩。王大珩发现英国人很注重仪表，很有教养。在自己的土地上，他们自然就少了许多在殖民地时的飞扬跋扈，多了许多拘谨稳重的绅士风度。但这似乎并不妨碍他们在看到中国人时的那种居高临下的轻蔑目光和他们在走过中国人居住区的时候，使用一下"China Town"这个带有"贱民区""下等人住所"意思的侮辱性称谓。

　　初到英国，有一件事给王大珩留下了极深刻的印象。有一次王大珩与一位中国同学一同上街购物。不知为什么店里的老板那天对他们二位格外殷勤。直到临走时他们才搞明白，原来，是因为同去的同学那天穿戴得都比较讲究，老板错把他们当成日本人了。待到弄清楚他们的身份后，老板的态度就立刻明显冷淡了下来。虽然中国和日本同为亚洲国家，虽然中国人和日本人同为黄种人，但在英国人的眼里，日本的经济比较发达，中国是个落后的不发达国家，他们理所当然地就看重日本人，也理所当然地瞧不起中国人。

落后会使一个国家受到外强的侵略，会使一个国家丧失应有的地位。落后会使这个国家的国民遭受羞辱，会使这个国家的国民丧失人格的尊严。这些过去父亲曾无数次讲过的，今天王大珩都体验到了。王大珩把这一切都深深地埋藏在心里，他憋足劲儿一头扎进实验室，把所有的精力都用在了学习上。

王大珩到英国之后，被分配在伦敦大学帝国学院物理系，在技术光学组的实验室里做研究工作。为了学习方便，王大珩在学院附近找了一个"学生店"住了下来。这是一个十分简陋拥挤的"学生店"，王大珩租下了顶层上一个长期没有人愿意租用的小阁楼。小阁楼只有8平方米，里面勉强放进一张床以后，就连再塞一张桌子的地方都没有了。但王大珩对这个住处却十分满意，因为这个住处有一个最大的优点，就是离实验室近。从王大珩的小阁楼到实验室，走路只需要5分钟时间。

其实，王大珩也很少有时间回到这个小阁楼里，他几乎白天晚上都埋头于实验室的工作中了。在伦敦学习的整整两年时间里，王大珩从来没有想到过要把这个世界著名的城市游览一下，他没去过伦敦的任何一个景点儿，也几乎就没走出过从实验室到阁楼之间那段只有 5 分钟路程的直线。

帝国学院的同学们很快就对这个小个子的中国留学生刮目相看了。王大珩不仅基础知识扎实，学习成绩优异，而且做实验的动手能力也极强。清华大学物理系注重培养学生动手操作能力的教学特点，在这里显示出了很大的优越性。王大珩做起实验来方式方法灵活，仪器设备摆弄得得心应手。同学们有了问题便常常喜欢请他帮忙，同他商量。

在此期间，王大珩发表了他的第一篇学术论文。这是一篇关于光学设计的论文。其中论述了光学系统中各级球差对最佳象点位置和质量的影响，创造性地提出了用优化理论导致以低级球差平衡残余高级球差并适当离焦的论点。直到今天，这篇论文还经常被国内外有关专著加以引用。其中所阐述的一些思想和观点，至今仍是大孔径小像差光学系统设计中像差校正和质量评价的重要依据。日本学者小仓磐夫在其专著《现代照相机和照相物镜技术》中，不仅全文引用了王大珩的这篇论文，而且还给予了高度的评价。

两年以后，王大珩以优异的成绩获得伦敦大学帝国学院物理硕士学位。随后，他开始向下一个目标进攻：攻读博士学位。

要博士学位还是要光学玻璃?

至今，人们还对王大珩为什么没能在英国拿到博士学位有着种种猜测。

有人说王大珩大概是没能找到继续读博士学位的机会；有人说好像王大珩与他的博士生导师在学术上的意见有分歧，没能通过；还有人说是王大珩自己放弃的。这几种说法听起来都不那么可信。尤其是最后一种说法，其真实性尤为令人生疑。试想，一个由学士而硕士，一心攀登博士学位的学子，在付出了许许多多的努力之后，怎么可能主动放弃读博呢!这种解释似乎更像是一种遁词。

但这却是事实。的确，是王大珩自己主动放弃读博的。

还是因为战争。王大珩到英国后的第二年，第二次世界大战爆发了。起初，战争距英国还远，一切似乎都没有太多的影响。但法国沦陷以后，战火便开始迅速向英国蔓延。1940 年 8 月 24 日夜晚，连续工作了十几个小时的王大珩走出实验室。夏日的月夜很透彻，月光如水，微风把一阵阵清爽撩在他的脸上，疲劳顿时减轻了许多。王大珩舒展了一下，便向他蜗居的那栋小阁楼走去。

此刻，伦敦市中心的一个电影院刚刚散场，人们正簇拥着走出电影院的大门，走上大街。天晚了，电影院附近的几个小酒馆里，那些喝了一个晚上的人们也被散场的人声唤醒，纷纷起身离座，准备回家去了。市中心的大街上一时竟有了许多的人。突然，空中响起了一阵飞机引擎的轰鸣声。人们还没来得及抬头看个清楚，两颗炸弹便呼啸着从天而降，一下子落入了人群之中。两声巨响之后，伦敦街头顿时血肉横飞，一片惊呼惨叫。

　　战争又一次在王大珩面前打开了它那残酷的画卷，伦敦大轰炸开始了。伦敦再没有了往日的绅士风度，空袭的警报声越来越频繁地在城市上空发出哀鸣，人们成群地拥向深藏在泰晤士河下面的地铁，拥向那些废弃多年的铁路隧道，躲避从天而降的灾难。到处是尸体和鲜血，到处是危险和恐惧，到处是呻吟和哭泣……

　　第二次世界大战是人类历史上最大规模的一次军事冲突，是一场涉及面最广、持续时间最长、破坏性最大、流血最多的战争，也是一场在武器及技术装备上投入最多、发展最快的战争。这场战争动用了大量的飞机、坦克，使用了多种新式兵器和技术仪器，运用了许多最新的科学研究成果。武器，这个战争的宠儿在第二次世界大战的强烈刺激下，以前所未有的速度突然间迅猛发展起来了。

　　给王大珩带来最直接感受的是光学玻璃在武器中的大量使用。战前，英国的光学玻璃生产量每年只有 30 吨左右，光学玻璃制造行业在很大程度上是要依靠国家的补贴来维持的。二战爆发以后，光学玻璃的需求量开始急剧增长，由原来的每年 30 吨骤然猛增到每年 2000 吨。这使王大珩对光学玻璃发生了极大的兴趣。不可能不发生兴趣，对王大珩来说，能促使他对这些产生兴趣的基础实在是太深厚、太悲怆了。它源自 100 年来使中华民族蒙羞受辱的鸦片战争，源自父亲口中陈述的那场惨烈悲壮的甲午战争，也源自王大珩自己亲身经历的日本侵华战争。几乎在曾经发生过的所有战争中，中国都不得不用自己的落后来面对敌人的先进，不得不用过时的破旧兵器来面对精良的新式武器。战争，使中国失去的太多太多；落后，使中国失去的太多太多。因此，在周围的许多人因战争爆发而在考虑回国问题的时候，王大珩却突然萌生了一个念头：战争是个千载难逢的机会，也许，它能使我接触到那些平时所无法接触的工作，能使我学到一些平时所不可能学到的东西。也许，我能因此而学到光学玻璃。

今天，人们已经无法想象光学玻璃在当年具有怎样宝贵的价值了。在现代生活中，光学玻璃几乎随处可见。经过几十年的发展，光学玻璃早已由科研尖端成果过渡为一种最普通的应用光学材料了。甚至人们走在路上，都时常可以随脚踢到几片废弃的光学玻璃。但是在当时，光学玻璃却是世界性的尖端产品，它的制造技术是高度保密的。世界上只有英国等少数几个发达国家能制造出光学玻璃来。

王大珩决定到雪菲尔去，因为只有雪菲尔大学设有玻璃制造专业。他决心去那里跟随世界著名的玻璃学家特纳（W.E.S.Turner）教授从事玻璃研究，攻读博士学位。王大珩提交申请后不久，就如愿以偿地进入了雪菲尔大学玻璃制造系。在这里，王大珩的研究工作一直进行得很顺利，如果不发生特殊情况的话，获得博士学位没有任何问题。但在一年半后，正当王大珩专心致志地进行玻璃研究，为撰写博士论文做着种种准备的时候，一个偶然的机遇使这一切发生了根本性的改变。

1942 年的春天，王大珩在伦敦大学时最要好的同学汉德(W.C.Hynde) 突然到雪菲尔来看望他。汉德是英国最大的玻璃制造公司昌司 (Chance) 玻璃公司的雇员。汉德告诉王大珩，昌司公司研究实验部眼下有一个空缺，需要一名从事技术光学研究的物理师，他想到了学技术光学的王大珩，就向公司做了推荐。公司对王大珩的条件很满意，他此行就是专程来找王大珩，问他是否愿意接受这份工作的。

王大珩听后心中不由怦然一动。昌司玻璃公司是当时世界上最早从事光学玻璃生产的极少数的几个厂家之一。如果能进入昌司公司工作，就有可能接触到光学玻璃，学到最先进的技术。这个消息太叫王大珩动心了。但是，王大珩这时正在埋头攻读博士学位。他已经在特纳教授的指导下进行了很长时间的课题研究，付出了很多的精力。如果此刻去昌司公司工作，他在雪菲尔这一年半的努力就将前功尽弃，他面前那唾手可得的博士学位就将付之东流。当然，最好的办法是取得博士学位后再去昌司公司工作。但王大珩深知昌司公司的职位可不是随时都有的。一般情况下进昌司公司都极其困难，昌司公司选择雇员十分严格，而且极少录用外国人。若不是在目前这种战争的非常时期，若不是急需人才，这个机会恐怕也不会白白地送到王大珩的面前。

博士学位和光学玻璃突然同时摆在王大珩的面前，他必须选择其一，也可以说，他必须放弃其一。

如果仅仅站在个人的角度，王大珩当然应该选择博士学位，因为学位对知识分子来说无疑是太重要了。学位几乎能决定一个知识分子的一生。不论从前还是现在，学位始终都是被作为衡量知识分子含金量的一个重要标志，用它来判定一个知识分子的学识，用它来标明一个知识分子的身价，用它来决定一个知识分子的地位。

但是，如果站在国家的角度来看，似乎就应该选择光学玻璃了。因为对一个国家来说，尤其是对中国这样一个落后的国家来说，掌握先进的科学技术就显得尤为重要了。当时在中国，光学玻璃这个领域不仅仅是落后，而是空白，中国根本就没有光学玻璃。

王大珩选择了，选择的是他所珍爱的光学玻璃，选择的是他的祖国。

王大珩放弃了，放弃的是摆在面前、唾手可得的博士学位，放弃的是个人利益。

不是所有的人都能在博士学位和光学玻璃之间选择后者，不是所有的人都能在国家和个人之间选择国家，但王大珩却作出了这样的选择。当时周围许多人都劝阻王大珩，包括导师在内的很多人都替王大珩感到惋惜。但直到今天,王大珩也从未对自己当年作出的选择后悔过。王大珩说,实践证明他的选择是正确的,在昌司玻璃公司的工作为他打下了深厚的基础,而他带回的配方也在中国光学玻璃的研制过程中起到了重要作用。他还说,祖国从未因为他没有博士学位而看轻他,也从未因为他不是博士而不重用他。

请记住这个中国青年的名字

1942 年,王大珩来到了伯明翰。

伯明翰是英国重工业最集中的城市,是英国的重工业中心,昌司玻璃公司就设立在这里。王大珩在昌司公司的职务是研究实验部的物理师,他与另一位物理师共同负责进行玻璃发展方面的研究,负责在玻璃发展方向和如何发展方面向公司提供具有前瞻性的报告。这是一项非常有意思的工作,它很像现代企业中盛行的"战略发展研究中心"一类的机构。老板对你没有硬性的任务定额,没有指令性的研究课题,一切都由你自己来掌握。你自己去研究市场前景,你自己去把握发展方向,你自己来寻找新的课题。但是,你得不断地把你的研究成果、设想提供给老板,为老板的决策提供依据。

这是一项极具挑战性的工作，你可以通过老板来对企业施加个人的影响，甚至在某种程度上你个人就可以决定企业的命运。

直到 1948 年回国为止，王大珩在昌司玻璃公司工作了整整六年。这段时间是王大珩在英国期间收获最大，也是成就最为突出的一个时期。昌司公司的这段工作经历为王大珩积累了丰厚的经验，为他后来成功地开创事业奠定了深厚的基础。可以说，昌司的这六年使王大珩终身受益。

那么，昌司究竟给了王大珩些什么呢？

首先是眼光。王大珩来到昌司后，一下子就被推到了学科的最前沿。他必须站在这个位置上，时刻关注学科的发展现状，掌握学科的最新动态。不仅如此，他还必须根据所掌握的情况，对学科的发展方向和前景作出具有前瞻性的预测。这种工作的性质就决定了它所培养的绝不是普通的科研素质，而是那种具有高屋建瓴的眼光和超前意识的战略科研素质。

其次是观念。很长时间以来，在科学领域中始终存在着一种所谓纯科学的观念，认为科学研究特别是基础科学研究是纯理论过程，是高于一切的。因此，往往重视理论科学而轻视应用科学，重视科研理论而轻视生产成果。昌司把王大珩一下子送到了科研与生产的结合点上，使王大珩看到了科研与生产的紧密关系，看到了科学技术在生产中的巨大作用，从而使他得以及早地从学院派的传统观念中摆脱出来，为他树立科研为工业为生产服务的思想打下了坚实的基础。

　　还有一点极为重要，那就是昌司赋予了王大珩一个特殊的学习环境，培养了他不同于一般留学生的实际工作能力。一般留学生走的都是一条从国内大学到国外大学，从这个实验室到那个实验室的道路。王大珩则是从理科到应用科学，到昌司以后又进入了工科，进而接触到原材料工业，这些使王大珩的知识面比那些只埋头于书本、实验室的人宽广得多，使王大珩的各种能力包括实际工作能力、动手操作能力、工程技术管理能力、协调科研与生产关系的能力等等都得到了充分的锻炼。

　　王大珩在昌司的工作是卓有成效的。在此期间，他研究了光学玻璃的光谱吸收与褪色，研究了 BO 组分对光学玻璃折射率的影响，研究了光学玻璃不同退火条件对折射率、内应力及光学均匀性的影响，改进了退火样品折射率微差干涉测量方法……尽管出于保密的原因，王大珩还有许多研究成果都没有机会得以公开发表，但英国还是真实地记录下了一个叫王大珩的中国人的名字。

　　至今，在英国还有王大珩的一项专利。那是王大珩到昌司后的第一项科研成果。到昌司后不久，王大珩与他的英国同事一起对玻璃行业的现状进行了研究。经过认真的分析，他们预见到稀土光学玻璃具有很好的发展前途，便及时地开展了稀土光学玻璃的研究。这一项目的开展，使昌司成了英国最早进入稀土光学玻璃领域的厂家，也使他们两个人成了在英国最早研究稀土光学玻璃的人。他们的研究成果在英国获得了专利。

1966 年，英国"科学仪器展览会"在天津开幕。众所周知，英国的精密仪器行业起步早、发展快，科学仪器十分先进。人们闻讯从四面八方赶来，兴致勃勃地在英国专家的引导下参观那些精密仪器。当走到一台 V－棱镜精密折射仪面前的时候，英国专家突然提高了嗓音向大家介绍说："请各位注意，现在，我想请各位仔细看一下摆在你们面前的这台 V－棱镜精密折射仪。这台性能非常好的仪器是在 40 年代由昌司玻璃公司设计出来的，至今，它仍是光学玻璃实验室和工厂沿用的基本测量仪器。我想告诉你们的是，设计这台 V－棱镜精密折射仪的是一位中国人。这位中国人因为这项设计曾经获得了英国科学仪器协会颁发的'第一届英国青年仪器发展奖'。当时，获得这项殊荣的只有三位年轻人，而这仅有的三个人中间就有一位是值得你们骄傲的中国人，他叫王大珩，请记住这个中国青年的名字！"

多年后有人问王大珩，为什么他们那一辈留洋的老科学家很少崇洋媚外。王大珩说："可能是因为我们了解他们，与他们共事过，知道大家彼此彼此吧！"想了想又说："总之，有一点我们心里很清楚、很有底，那就是真正做起事情来，我们中国人决不会比人家差。"

汉德和紫罗兰的故事

王大珩在伦敦大学最要好的同学叫汉德。汉德是个长得很帅气的苏格兰小伙子，高高的个子，大大的眼睛，脸上永远带着一副坦诚开朗的微笑。汉德出身于平民阶层，上伦敦大学以前一直在玻璃厂工作。他没正式上过大学，是通过自学考试获得大学资格认定的。后来，汉德所在的工厂发现这个小伙子很聪明，很有培养前途，就把他送进了伦敦大学应用光学系深造。在大学里，汉德功课很好，各种活动都很活跃。但汉德却很佩服王大珩，非常愿意与王大珩在一起研究问题、探讨课题。他毫不掩饰自己对于王大珩的钦佩之情，固执地认为王大珩很了不起，坚持说王大珩将来一定会更了不起。

那时，王大珩常给汉德讲自己的祖国，讲祖国的古老文化，讲祖国现在的悲惨处境，讲自己渴望报效祖国的强烈愿望。有一次，王大珩请汉德在一家中国餐馆吃饭。那家餐馆附设有一个专门经营中国民间艺术品的小商店。吃过饭后，王大珩便带着汉德细细观赏那些精美的中国工艺品，兴致勃勃地一一为汉德作了介绍。直到把汉德看得目瞪口呆、赞不绝口。从此，汉德便深深地被中国民间艺术折服了。

后来有一天，汉德突然来找王大珩，说他要订婚了，他想在订婚时为新娘选择一件精美的礼品。可他跑遍了许多地方，看了好多东西都觉得不满意，就想起了王大珩，想起了那些精美的中国工艺品。汉德恳切地请求王大珩一定要帮他在中国艺术品中挑选一样东西送给他未来的妻子。他说："只有中国艺术品才算得上是真正的艺术品，只有中国的艺术品才配送给自己最心爱的人。"王大珩很为汉德对中国艺术的迷恋所感动，就精心挑选了一幅苏绣送给了汉德。那幅苏绣上绣着一束清新淡雅的紫罗兰花，素白色的背景上，紫罗兰姿态优雅地伸展着腰身，羞涩地摇曳着一朵朵淡紫色的小花，于动人的娇美中透出一派高贵脱俗的气质。王大珩告诉汉德，苏绣出自自己的故乡苏州，它有着几百年的历史，是中国最古老的名绣之一。

在学校时，王大珩曾与汉德共同制作过一个胶合镜头。这个胶合镜头是由两个镜片黏合在一起制成的。王大珩和汉德各自珩磨加工了一个镜片，然后把两个镜片紧紧地黏合在一起，加工出一个完整的胶合镜头。他们合作得很成功，做出的镜头效果非常理想。当时，汉德曾经高兴地说这是他们友谊的象征，他和王大珩的友谊就像这个胶合镜头一样，紧紧地连在一起，永远不会分离。

毕业后，王大珩和汉德还一直保持着联系。王大珩在英国的整个期间，他们之间的交往始终都很密切。汉德十分了解王大珩念念不忘发展祖国光学事业的心愿，十分理解王大珩渴望掌握光学玻璃的迫切心情。所以后来汉德才竭力向昌司公司老板推荐王大珩，使王大珩得以进入昌司公司工作。

只是王大珩回国后就与汉德中断了联系。起初是因为一直没稳定下来，总想等稳定下来后再与汉德联系。待到稳定下来之后，却又开始了一轮又一轮的政治运动。在各种政治运动的冲击下，只要有点海外关系的人都要人人自危，都害怕会被无缘无故地扣上一顶里通外国的帽子，王大珩就更不敢跟汉德联系了。结果这一断，就断了30多年！

改革开放以后，与外面的交往逐渐多了起来。有一次，王大珩前去参观一个英国举办的展览会，走着看着，突然发现自己面前的展台竟是昌司公司的。没想到昌司公司也来参展了！王大珩愣了一下，不由自主地在心里叫了一声：汉德！随着这声呼唤，那埋藏在心底的久远的友情突然间澎湃起来。王大珩有些冲动地立刻找到昌司公司派来的参展人员，迫不及待地向他们打听汉德的消息。没想到，昌司公司的人一听说他就是王大珩，立刻高兴地拉住他的手连声说道："可找到你了！可找到你了！"原来，他们都知道王大珩，都知道昌司曾经有过一位出色的中国物理师，名字叫作王大珩。他们说汉德常向他们提起他。

重相逢时，王大珩和汉德都已年逾七十了。王大珩是利用去英国开会的一次机会与汉德见面的。当时，汉德早早就跑到火车站去接王大珩，一见面，两位老人就久久地拥抱在一起。汉德坚持要王大珩去他们家住，说是为了欢迎王大珩他把儿子、媳妇全家人都叫回来了，大家要好好团聚一下。进了汉德家的门，王大珩的眼前突然一亮，一幅清新淡雅的紫罗兰迎面悬挂在客厅正中。几十年过去了，紫罗兰仍旧那么高雅清丽，仍旧那么娇美新鲜。王大珩走上前去，轻轻地抚摸着这幅显然一直被主人精心珍藏着的苏绣，心中不由感慨万千。汉德太太很自豪地告诉王大珩说，许多人都以为这是一幅中国画呢。每当有客人称赞这幅画画得漂亮的时候，她就会得意地让客人走到近前去仔细看一看，她就会告诉客人这是一位中国朋友送给他们的中国苏绣，告诉客人苏绣有着几百年的历史，是中国名绣之一呢！王大珩听着，一股暖流便缓缓地从心底汩汩流出。

像当年一样，王大珩留宿在汉德家。也像当年一样，两个人你一言我一句地互相抢着话头谈到很晚很晚。汉德很有成就，他是世界上首先把浮法玻璃的成果工程化，使其发展为生产线形成产品的人。在当时，这项工程是英国的一项国家级重点项目，汉德为此曾荣获了一项世界玻璃工业方面的发展奖。他们俩都为对方的成就而感到骄傲。那是他们俩相聚的最后一个夜晚，第二天他们就分手了。分手时，汉德问王大珩我们还会见面吗？王大珩肯定地答道："会的，我一定会再来看你！"汉德笑了，仍旧是那种坦诚开朗的微笑。

20世纪80年代中期，王大珩去英国参加一个国际性的学术会议。王大珩原准备一到英国就去看望多年不见的老朋友汉德，但因为会议议程安排得太紧张，实在抽不出时间，就只好先忙会议了。会议结束前，王大珩请英方替他先同汉德先生联系一下，告诉汉德自己明天要去看他。

只一会儿，负责联系的人就回来了，来人脸色阴郁地走到王大珩面前，用低沉的声音说："对不起，王先生，我……我不知道该如何对你说……"

王大珩诧异地抬起头，一种不祥的预感突然紧紧地抓住了他，他紧张地注视着来人，不由自主地屏住了呼吸。

来人艰难地换了口气接着说道："非常遗憾，我不得不告诉你这个不幸的消息，汉德先生在昨天突然逝世了。"

王大珩一下子跌坐在沙发上，半天没说出话来。

王大珩很自责，他后悔没有一到英国就与汉德取得联系，只差了两天！谁能想到，两天的时间竟会差出一个永远无法逾越的生死界限！王大珩没想到汉德等不到与他见上一面就走了，没想到他千里迢迢赶到英国来只是为了参加汉德的葬礼。一夜通宵未眠，一闭上眼睛一个苏格兰小伙子坦诚开朗的微笑就出现在面前。半个世纪的交往如同一本保存完好的旧画册，一页一页清晰地从眼前翻过……

王大珩以为在汉德面前自己的心永远不会再安宁了。但是，当他站在汉德面前，看到安详地躺在鲜花丛中的汉德，看到凝固在汉德脸上的那坦诚开朗的微笑时，心却一下子平静了。王大珩突然明白了，汉德是希望自己来为他送行的，也一定有意让自己出席他生命的最后典礼，为他们半个世纪的异国友谊画上一个圆满的句号。

王大珩轻轻地走上前去，为汉德献上了一束清香淡雅的紫罗兰。

听说连陕北都能吃上肉了

离伯明翰不远有一个叫斯塔福德的地方，那里是英国文艺复兴时期伟大的戏剧大师莎士比亚的故乡。与重工业集中的伯明翰相比，莎翁的故乡山清水秀，一派田园风光。

1947年春天，在莎翁故乡那个碧波荡漾的湖面上，出现了一条小船。船上，两位中国青年一边随意地荡着双桨，一边热烈地交谈着。其中，一位体格健壮的青年人显得十分健谈，他不停地讲述着什么，还常常激动地打着手势；另一位青年人则显得文静一些，他始终若有所思地认真听着对方的讲话，不时习惯地扶一扶眼镜，提出几个问题。

这两位青年人就是王大珩和钱三强。十分健谈的那位是钱三强。钱三强在法国留学，他这次到英国来办事，特地抽出了两天时间，专程跑到伯明翰来看望王大珩。今天，王大珩就是专门陪钱三强到莎翁的故乡来参观的。

许多年不见了，钱三强仍旧还像当年在清华时一样的热情、奔放。当时，法国是中国共产党在欧洲组织中最为活跃的一个国家，钱三强已经与党组织有了很深的接触，受到了极大的影响。在莎翁故乡的那个幽静的湖面上，钱三强以压抑不住的热情，给王大珩介绍了许多国内的情况。

钱三强很神秘地问王大珩："大珩，你知道中国共产党吧？"

王大珩想了想回答说："在学校时听说过，好像很有些进步倾向。"

钱三强笑着摇了几下桨，说："对，共产党是真正的进步组织。你不知道，共产党现在可不比从前了，已经在国内发展壮大，形成气候了！"

王大珩有些惊讶地"哦"了一声。王大珩从来就不是很关心政治党派的，他只是听说过共产党，对共产党的印象也不错，仅此而已。他多少有些奇怪，在国民党统治下共产党怎么会形成气候了？

于是，钱三强给王大珩讲了许多共产党的事情，讲了共产党的纲领、奋斗目标，讲了共产党为老百姓做过的种种好事，讲了共产党现在的发展状况。钱三强说："有了中国共产党，中国就有希望了。"接着，钱三强又举出了一个很有说服力的例子，他说："大珩，你都想象不到共产党有多能干。咱们还不知道吗，陕北那个地方有多穷呀，可自从共产党在那建立根据地以后就全变了。告诉你，现在连陕北都能吃上肉了！"

这下子，王大珩可是大大地惊讶了一回。"就连陕北那个地方都能吃上肉了，这简直几乎是不可思议的事情，这个中国共产党恐怕还真有两下子！"王大珩想。

钱三强还告诉王大珩："国民党现在非常腐败，在国内的威信极低。国民党统治下的国统区通货膨胀，物价飞涨，搞得民不聊生。"

那一天，钱三强与王大珩谈了很多很多。王大珩向钱三强讲了自己的苦恼。身在异国他乡，王大珩始终十分关注祖国的情况，但许多年来，王大珩只能通过一些间接渠道断断续续地得到一点消息。在王大珩的印象中，祖国一直处于水深火热的战乱之中。日本侵略者在中国的土地上烧杀掳掠无恶不作，横行霸道了整整八年，好不容易盼到了抗战的胜利。起初，王大珩和许多在国外飘零的人一样，也曾真心地为祖国从日寇的铁蹄下解放出来而欢呼庆贺过。他们纷纷奔走相告，满怀信心地做好了回国的准备，他们以为中国有希望了，他们以为中国人从此后就会摆脱战争的灾难过上平静安宁的日子了，他们以为祖国终于需要他们了。但他们怎么也没想到，国民党很快就挑起了内战。抗日战争的硝烟刚刚熄灭，国内战争的战火又骤然燃起，人民立刻陷入了无休止的战乱之中。面对这种情况，王大珩和许多想要回国干一番事业的人一样，只好打消了回国的念头，又开始了无奈的等待。王大珩告诉钱三强，他从没有在国外长期生活的打算，他没有一天不想回国，没有一天不想振兴祖国的光学事业，但他不知道该怎么办才好，不知道要这样等到何年何月才是个头。

听了王大珩的话，钱三强沉吟了好一会儿才说："大珩，从目前国内的情况来看，国民党注定是要灭亡的。我想，我们不妨早点回国，亲眼看看国民党的腐败，亲眼看看国民党统治下社会的混乱状况和人民处于水深火热中的情况，亲眼看看国民党是怎样灭亡的。我们可以设身处地受到一次反面教育，可以一起来迎接新中国的到来！"

"对！我们回国，一起迎接新中国的到来！"王大珩激动地说。

两双手一下子紧紧地握到了一起。他们约定分手后就立刻开始分头准备，争取及早动身，一起回到祖国。

"大珩，"钱三强兴奋地说："我最近看到了一篇非常好的文章，叫《新民主主义论》，是毛泽东写的。"钱三强热情地向王大珩介绍了《新民主主义论》的主要论点。他说他很赞成毛泽东对中国革命的看法，赞成毛泽东关于中国目前处于新民主主义革命阶段的提法。说着说着，钱三强就激动了，他一下子站起身来说道："大珩，毛泽东在《新民主主义论》的最后有几句非常精彩的话，我来背给你听。毛泽东是这样说的：'新中国站在每个人民的面前，我们应该迎接它。新中国航船的桅顶已经冒出地平线了，我们应该拍掌欢迎它。举起你的双手吧，新中国是我们的。'"

半年以后，王大珩如约踏上了归国的航程。

十年了，没想到自己竟在海外漂泊了整整十年！离家时王大珩才是个二十出头的小伙子，如今早已过了而立之年。在一个月的航程中，王大珩一遍又一遍地在心里描绘着亲人的模样，一遍又一遍地在心里描绘着祖国的模样。他恨不得一步就跨过大西洋，跨过印度洋。他恨不得一下子就踏上祖国的土地，一下子就回到亲人的面前。

第五章　到解放区去

破碎的光学玻璃梦

虽然回国前做了充分的思想准备，但当踏上这块土地之后，王大珩还是被国民党统治下的种种乱象震惊了。

起初是带回国的行李取不出来。没办法，只好连托人带找关系，硬是折腾了半个多月才把属于自己的东西拿了回来。问这到底是怎么回事，被托的人一笑，说了实话："你是刚回国，不了解这里面的道道，要是早把钱顶上去，你这行李早就拿出来了！"

接着就是怎么也买不到三等车厢的车票。只有头等车厢和二等车厢，爱买不买。"二等就二等吧，回家心切，无论花多少钱都是次要的了。"王大珩想。但等上了车才发现，整个一列火车只挂了一节三等车厢。难怪买不到三等车厢的票呢，人家压根就没想卖那种赚不了几个钱的廉价票。再仔细看看就明白了，这二等车其实就是三等车厢，只不过是换了个二等车厢的牌子挂上了，车厢一律没变。

再往下就越来越叫王大珩吃惊了。领工资要用麻袋去装，买一张大饼要拿一张大饼那么厚的一摞钱，买一块豆腐要用摞起来足有一块豆腐那么高的一捆钞票。在北平领了第一个月的薪水100块金圆券，有人立刻指点王大珩，你得赶快去把它兑换成现大洋，不然就得眼睁睁看着它变成废纸了。走到街上，就见站着一溜换金圆券的人，不免叹了声："这年头发什么财的都有哇！"叹罢后便从第一个开始问，嫌价钱高再去问第二个、第三个。依次问下去，竟一个高过一个。再回头去找第一个时，却早已不是刚才的价了，又涨了。这才明白过来，敢情这价是见风涨的。索性不换了，揣着100块金圆券下秦皇岛去上海。坎坎坷坷地来到上海后，才发现这下亏大了，那100块金圆券只够买三碗光面的了！

不仅生活难，做事更难。

回国之后不久，王大珩就接到了严济慈先生的邀请。严济慈先生当时在北平研究院物理研究所任所长，他刚好在物理研究所里支起了一个光学摊子。听说王大珩从英国回来的消息后，严济慈先生十分高兴，他非常希望专攻应用光学的王大珩能参加进来，就立刻发出邀请，请王大珩到北平研究院来从事光学研究工作。

但当王大珩到了北平研究院后，却又意外地收到了另一个邀请——秦皇岛耀华玻璃厂厂长兼总工程师龚祖同的邀请。

龚祖同是王大珩的清华校友，早王大珩几年毕业于清华大学物理系。毕业后，龚祖同又去了德国学习应用光学。龚祖同回国后就想要搞光学玻璃，他用了几年的时间东奔西跑到处寻找机会，却一直未能如愿，只好暂栖在耀华玻璃厂了。但龚祖同却始终没有放弃搞光学玻璃的念头，他写了一封言辞恳切的信，请求王大珩到他那里去，利用耀华玻璃厂的现有条件，两人联起手来搞出中国的光学玻璃来。

一面是德高望重的严济慈先生的邀请，一面是老校友言辞切切的请求，王大珩两难了。考虑再三，王大珩最后还是下了去秦皇岛的决心，因为秦皇岛更具备搞光学玻璃的条件，因为他实在无法抵制光学玻璃对他的诱惑。王大珩告辞了严济慈先生，带着他的光学玻璃梦，满怀希望地奔向了秦皇岛。

但王大珩来得太不是时候了。他到达秦皇岛时，东北战场的硝烟正在向华北地区迅速蔓延。越来越近的枪炮声，震慑得秦皇岛瑟瑟发抖，到处是关于战争的传闻，到处是惶惶不安的人群。战争，如同一柄高悬在人们头上的达摩克利斯剑，随时随地都有可能猝然落下。在这种紧张的时刻，人们根本就没有心思考虑生存以外的任何事情了。

龚祖同满怀歉疚地看着王大珩，他从王大珩那坚定的眼神中看出这就是他一直要寻找的那个人，这就是注定要与他搭档搞出中国的光学玻璃的那个人！龚祖同真想对王大珩说，总算找到你了，今后我们就绑在一起干吧！但他张了张嘴，只能无奈地说："真对不起，没想到时局会突然变得这么紧张。

好不容易把你请来了，眼下却又什么也干不成了。没办法，我们只好以后再从长计议了。真对不起。"

一盆凉水一滴不剩地从头顶一直浇到了脚下，王大珩只觉得心在一点点地紧缩。他想说，自己满怀希望地从北平跑到秦皇岛来，不是为了来听一声对不起的！他想说，自己之所以放弃北平研究院的职位来到耀华玻璃厂，就是因为他们心中共同拥有一个光学玻璃梦！他想说，对于他来说，这个梦是一个永远无法拒绝的诱惑，因为这不是个人的，是属于整个民族的，是我们中华民族的光学之梦！他想说，在他的心目中，这个梦远比个人的一切得失都更为重要，为了这个梦，他随时准备毫不犹豫地舍弃自己的一切！尽管，他一直努力这样去做，他舍弃了许多。但结果却碰在了坚硬的现实面前，梦被粉碎了……

王大珩默默地望着龚祖同，望着眼前这位比自己年长十岁的学长。他知道龚祖同自回国后就一直在为光学玻璃四处奔波，时至今日也没有找到一个更好的出路。从学长那双布满血丝的眼睛里，他看到了其内心中潜藏着的执着和坚韧，看到了心里燃烧着的焦虑和希望，看到了那种难以言表的深深的遗憾和抱歉。

王大珩什么也没有说，他无话可说了。

回英国还是去解放区？

秦皇岛之行受挫之后，王大珩接受了龚祖同的安排，离开秦皇岛来到上海，暂时栖居在上海耀华玻璃分厂。

这是王大珩回国后度过的最苦闷彷徨的一段日子。没有事情可做，即便有事情也不可能去做，只有无奈地等待。在等待的苦闷之中，王大珩给英国朋友汉斯写了一封信，讲述了自己回国后的所见所闻，倾吐了积郁在心中的失望和苦恼。王大珩告诉汉斯，回国后他就一直在四处奔波，至今也找不到一点希望，他开始怀疑自己选择在这个时候回国或许根本就是个错误。

但就在这个时候，一个充满希望的转机却悄悄地来到了他的身边。

到上海后，王大珩得知原清华大学物理系吴有训先生现在也在上海，就立刻前去拜望。王大珩在清华大学读书时，吴有训先生正在物理系任教授。当年，吴先生风度翩翩、才华横溢，深受清华学子们的尊敬。此时，吴先生正暂时任教于上海交通大学。十几年过去了，师生相见自然有许多的话要说。他们谈了很久，回忆了过去在清华的日子和离校后的经历，也谈到了各自目前的处境。面对先生，王大珩不知不觉地袒露了自己的心迹，他激动地讲述了自己回国后的种种遭遇，表达了心中对国民党腐败现状的不满和对中国共产党寄予的希望。王大珩很久没有这么畅快地交谈了，他只顾激动地倾诉着这一切，却没有注意到自己流露出的进步思想倾向已经引起了吴有训先生的注意。

就在这次拜访后不久，有一天，吴有训先生突然捎信请王大珩到他家中去一趟。王大珩以为吴有训先生找自己有什么急事，就立刻匆匆赶去了。到了吴有训先生家，王大珩才察觉出了诧异：急急地把自己叫来了，吴有训先生仿佛并没有什么急事，只是东一句西一句地唠着一些闲话。不经意间转变话题说到了国内的局势，说到了共产党、解放区，说到了共产党要在东北解放区建立一个大连大学的设想，说到了要建这样规模的大学需要很多像王大珩这样有志向的高级知识分子……

话就说到这了。

但对王大珩来说，这，已经足够了。

王大珩猛然抬起头惊讶地望着吴有训先生。

吴有训先生正紧张地注视着他，目光中闪着灼灼的期望。

王大珩脸上的表情由惊到喜，由喜到激动，他激动得一下子站了起来，斩钉截铁地说出了两个字："我去！"

接下来就是在吴有训先生的引见下，王大珩与沈其益见面了。

沈其益是共产党人沈其震的胞弟。当时，沈其震受潘汉年的领导，正在上海、南京等地动员科技人才赴解放区创办

111

大连大学。身为南京中央大学教授的沈其益一直在暗中协助，联络人才并分批秘密送往香港，再由沈其震负责把他们从香港转送到解放区。

王大珩后来才知道，吴有训先生早在担任南京中央大学校长时就与沈其益有着很深的交往。由于吴有训先生思想进步，倾向共产党，因此一直受沈其益的委托在暗地里为共产党联络人才。王大珩去拜望吴有训先生时，沈其益恰巧来上海开展工作，吴有训先生就把王大珩的情况介绍给了沈其益。沈其益与王大珩面谈后，决定尽快送王大珩去解放区。

从那以后就开始了一段紧张而又激动人心的日子。一切都是在秘密中进行的，秘密地联络，秘密地做各种准备，秘密地躲开所有人的耳目。每一天都开始变得新鲜了，每一天都开始充满了希望。终于到了要动身的时候，王大珩却收到了一封来自英国的电报。

电报是英国昌司玻璃公司的老板发来的，大意如下：

尊敬的王大珩先生：我从汉德先生处得知，王先生回国后境况一直不佳，始终无以施展才能。王先生在我公司任职多年，工作卓有成效，我非常希望王先生能够重新回到昌司公司，与我们共同发展昌司的事业。如王先生有意，请速回电，我将为您提供一切方便。

原来汉斯收到了王大珩在上海写给他的那封信，当得知王大珩回国后的情况，汉斯为王大珩的处境十分担忧，他立刻找到老板，向老板提出了请王大珩回来的建议。老板本来就很欣赏王大珩，当初王大珩离开昌司回国的时候，老板就很遗憾。听了汉斯的建议，老板马上应允，并立刻发来了这封邀请电报。

当时，这无疑是一封使所有人都羡慕不已的电报，国外有一个现成的职位在等着你，那里有好的工作环境，有优厚的生活待遇，还有人愿意为你去那里提供一切方便。在当时国内那种纷乱的社会环境下，能寻到这样一个好的出路，能得到这样一份可口的"洋羹"，这是多少人都求之不得的。没有人会放弃这个送到眼前的极好机会的。人们纷纷跑来向王大珩告别、祝贺，他们断定王大珩立刻就会动身前往英国。

王大珩却沉默着。

如果这封电报来得早一些，王大珩或许会动心。面对无以发挥才能、无以施展抱负的现实，王大珩很可能会接受英国朋友的真诚帮助和英国公司的热情邀请，带着失望和遗憾愤而离国，再一次漂洋过海远走他乡。但是，这封电报毕竟还是来迟了一步。在接到电报之前，王大珩就已经对自己今后的道路作出了最后的选择。虽然在选择的那个时刻，王大珩只说出了两个字："我去！"但从王大珩嘴里脱口而出的这两个字并非谁都能轻易说出口的。这两个字的后面有着极其深刻的背景。那里有历史，有中国人忍受了整整一个世纪的屈辱；那里有父亲，有几代知识分子的不懈努力和追求；那里有希望，有对毛泽东预言中的那个新中国的无限向往。

再也没有什么能使王大珩改变了。王大珩义无反顾。

感谢汉斯，感谢这份来自英国的电报。这份电报来得太是时候了，王大珩正愁着找不到借口离开上海，一个最好的借口就送到了王大珩的面前。王大珩谎称自己已经决定接受昌司公司的邀请，准备立刻取道香港回英国去。于是，一路绿灯放行。

所有的人都以为王大珩去英国了，不承想王大珩却在沈氏兄弟的安排下，悄悄地来到香港，在香港秘密地登上了一条开往朝鲜的俄国货船——"AZOV"号。当"AZOV"号渐渐驶出黑暗的时候，王大珩看到右舷处的海平面上出现了一抹微白的光亮，那光亮不断地升腾、扩大，终于露出了半个殷红的太阳。那刚刚露出海面的太阳顷刻间便把沉静的海面渲染得血一般浓烈鲜亮。此时，王大珩久久地凝望着远处那轮喷薄欲出的太阳，耳边响起了毛泽东那段极富感染力的讲话：

新中国站在每个人民的面前，我们应该迎接它。新中国航船的桅顶已经冒出地平线了，我们应该拍掌欢迎它。举起你的双手吧，新中国是我们的。

从破烂市场上捡回一个物理实验室

一进入解放区，王大珩立刻感觉到一股春风般的温暖扑面而来。

王大珩怎么也没想到在这里他们会受到如此热情的欢迎，怎么也没想到他们这些人会成为共产党的座上宾。不仅大连大学对他们的到来表示了热情的欢迎，连旅大区党委书记欧阳钦都亲自出面接见他们，对他们勇于冲破封锁毅然来到解放区参加建设的行动给予了高度的赞扬。这是王大珩第一次接触到共产党人，第一次接触到共产党的领导干部，共产党人的真诚和热情给王大珩留下了极为深刻的印象。

他们这些人立刻就被分别委以重任了。王大珩被任命为大连大学物理系主任，交给他的任务是要尽快把物理系筹建起来。大连大学是中国共产党创办的第一所正规大学，中央决定创办大连大学的目的就是要为即将诞生的新中国培养人才，为即将开始的新中国的大规模经济建设做准备。对从未办过正规大学的共产党人来说，这是一个崭新的课题，必须广泛团结各方力量，充分发挥专业人才的作用。王大珩发现共产党的确是很有诚意的，共产党不仅对自己这样来历清白的人表现出了欢迎和信任，甚至还对那些曾与国民党有过或多或少瓜葛的人，也表现出了极大的宽容和真诚。有一名留学回国后曾在国民党机要部门工作过的教授，来到解放区后心中始终放不下，生怕共产党对自己弃暗投明的心情不理解，生怕共产党对自己信不过。没想到，当他怀着忐忑的心情把这段历史向学校讲清后，校长吕振羽当即就向他详细解释了共产党对知识分子"团结、教育、改造"的一贯政策，并诚恳地勉励他甩掉包袱，轻装前进，把自己的学识和才智贡献给新中国的建设事业。共产党人对待知识分子的这种诚挚的态度，使知识分子们个个欢欣鼓舞、干劲倍增。自从回国以来，王大珩还是第一次品尝到被重视、被尊重的滋味。在解放区这块崭新的土地上，王大珩才终于找到了回家的感觉。他从心里感谢这个"家"对他的接纳，感谢这个"家"对他的信任，他决心要为建设这个"家"贡献出自己的全部学识。

身在家中自然就多了几分责任感，在家人面前自然就少了几分顾忌。刚被任命为物理系主任的王大珩凭着那股热情，毫无顾忌地闯进工学院院长屈伯川的办公室，直通通地提出"要办就办个应用物理系！"的意见。理由很简单："我们是为建设新中国培养人才的，而建设新中国最急需的是大批应用人才。"简单的理由后面却跟着很复杂的注脚："在国外这几年我有很深的体会。国外高等院校培养出来的物理人才中，有很大一部分毕业后都进入了工业企业。由于他们有很深的物理基础，因此在解决生产技术中的问题时，常常要比单纯搞工程技术的人思考得更深一些，解决得更好一些。我自己就在国外工业企业工作过，我注意到物理人才在国外大工业的发展过程中起到了极大的作用。"

这一年王大珩 34 岁，正是锐气极盛。

这一年屈伯川 40 岁整，已是老成持重。

老成持重的屈伯川目不转睛地听着王大珩振振有词的阐述，直听得两眼发亮、频频颔首。听到最后，屈伯川双手一拍，大叫了一声："好！"

事情就这样立刻决定下来了，没有开会研究，也没有上报批示。王大珩说："那会儿我们这种人讲话管用着呢。不管提出什么建议，只要是合理可行的，立刻就会被采纳。"

然而，一切必须从零做起。王大珩这个应用物理系主任简直就是个光杆司令，给他的全部人马只有两个教授和几个刚招聘来的助教，没有人员，没有教材，没有实验室，也没有仪器，几乎是一无所有。尽管如此，王大珩则必须想办法立刻把全校 400 多学生的物理课开起来，把物理实验室建起来。

王大珩赤手空拳地办起了应用物理系。

首要的问题是得尽快把物理课高质量地开起来。这就要有人，要有高素质的教师。好在王大珩在物理界有的是熟人，他动用所有关系，四处挖掘人才，使系里很快就有了 18 名教职工。有了人，王大珩心里就有了底数。他亲自审教材、定教案，亲自登台授课，带领全系教职工很快就把应用物理系的课开了起来。

开理论课好办，有教师、有教材、有教案就行。但要开物理实验课可就没那么容易了。首先得有物理实验室，得有

很多必要的仪器设备。大连大学工学院的底子是关东工业专
科学校，是个中专，只留下了几件中专物理教学用的简单的
示教器材，基本用不上。买吧，一来是资金不够；二来，即
便有点资金，在刚刚解放的大连也什么都买不到。当时关内
战火连天，大连与关内的交通已经完全中断，什么也别想运
进来，更不要说其他的东西了，就连做物理实验用的最基本
的米尺也都无处可买。

在全系动员大会上，王大珩讲了这样一番道理："古人云：
工欲善其事，必先利其器。这句话用在我们这里，我看有这
样两层意思。一是物理教学必须重视物理实验，必须要有物
理实验所需的仪器设备。二是物理教学人员要想开好实验课，
必须学会自己动手制造仪器设备，在制造仪器设备的过程中，
学习各种技术，提高实验水平。"于是，应用物理系的教师和
实验人员就在王大珩的带领下，开始了自己动手、修旧利废、
建设实验室的工作。

那时大连有个"西岗破烂市场"。每逢星期天，老百姓就
会自动聚集到这里进行各种交易。在这里，大到门窗、家具，
小到纽扣、钉子等一切生活日用品都能找得到。反正都是老
百姓自己家里的东西，用不上了，拿出来换两个零花钱。虽
说是旧的，但也真便宜，给俩钱就卖。这破烂市场通常是那
些生活拮据的老百姓的好去处，但从英国回来的洋专家王大
珩也突然对破烂市场产生了兴趣。一到星期天，王大珩就拉
着身边的人到破烂市场去转悠。寻宝似的挨个摊子走，不错

眼珠地一样样东西盯着瞧。没想到还真让他给瞧着了——在一个老头的破烂堆里，王大珩竟然扒拉出来一块旧秒表！这是做物理实验最紧要的东西，王大珩正愁着没处去掏弄呢！去的次数多了才发现，这破烂市场里的宝贝还真是不少：一台快散了架子的旧天平，经过一番修整后一测，嘿，还挺精确的呢！几个旧望远镜筒，回去拆巴拆巴零件都能用。最得意的是，有一次竟在破烂摊上发现了一台高级电位差器。当时，卖主连他卖的是什么东西都不知道，没花几个钱就给买下来了。拿回去后一试，好家伙，一点毛病都没有。

　　有一次，王大珩突然在一堆破烂里发现了一块没人要的破玻璃。王大珩只觉得眼前一亮，当即就把这块破玻璃一把攥在手里。一问价，卖主恨不得不要钱白送，因为这块破玻璃四六不成材，从来就没有人能瞧上一眼。可是王大珩看不够，举着玻璃左瞧瞧、右看看，像得了宝贝似的，兴奋得满脸放光。卖主心里直纳闷，不就是一块破玻璃嘛，又不是水晶，还值得这么看！可他哪里知道，这竟是一块光学玻璃！后来，王大珩把这块光学玻璃拿回去切割开，还磨出了几片光学镜片呢。

　　王大珩在清华培养出来的极强的动手能力和后来在昌司工厂的实践经验，在此时发挥出了极大的作用。他带领大家自己动手制作出多种实验仪器，还亲自设计制造出了分光仪等当时比较先进的仪器。实验室很快就建起来了，这个被大家称作是用破烂市场武装起来的物理实验室，在极短的时间内就达到了当时国内大学的先进水平。有这样一段对当时的情况的详细记载：

> 应用物理系主任王大珩教授把实验室建设当作创系的重要工作，亲自来抓。他自己动手，领导教师和实验人员修复旧的仪器设备，使它继续发挥作用。……有一次，他从土木系和旧货摊上弄来两个破水平仪上的刻度盘和轴承，如获至宝，在机械工厂工人师傅的帮助下做出了两台精度很高的分光仪。后来，又做出了电阻箱、冲击检流计及黏滞系数测定仪等多种仪器。这样，他们在短期内就建成了两个能同时容纳130人的普通物理实验室，装配了一个能容纳150多人的物理示教用的阶梯教室。这就保证了全校580多名学生，2到3人编成一个小组，每周做一次，一学期共做30个实验。这样的情况，就国内各大学同样设施来比，规模上已经是最大的了。

后来在一次聚会上，他的几位学生回忆起当年的情形时，对王大珩先生印象深刻。

郭永江，原应用物理系行政秘书，现大连市中日友好学会副会长抢先发言了。他说："比较起来，王大珩先生的确有些不大一样。比如说吧，从上海、南京那边来的那批教授一般都比较有派头。有一位男教授穿了一件酱红色的长毛呢大衣，好家伙，那才叫打眼儿呢！还有一位女教授，是从上海来的，她穿了一身紫色的旗袍，十分引人注目。按理说，王大珩先生还是从英国回来的专家呢，派头应该更足一些吧。他可倒好，从打第一次见面起，他就一直穿着一件土黄色的旧西服，没第二套！对了，那件西服还不是正式的，是那种胳膊肘处打块皮补丁的。对，大概就跟现在挺时髦的那种叫什么休闲西服的样式差不多吧。不过，那时候可不时髦。再说他那衣服也太旧了，胳膊肘上的皮补丁都磨毛了呀。不像从英国回来的，一点不像！"

原应用物理系学生，现退休教授何乃宽附和道：

"教学上王大珩先生也不太一样。他出的有些题目现在我们都还记得。比如：马拉车，车拉马，为什么马车会往前走？让分析出这里面的力。再比如：把一只猫四脚朝天地从高处扔下来，为什么落地的时候一定是四脚着地呢？这样的题对现在的大学生来说，就显得有些简单了，现在连高中生都能分析出来了。但是在当时，这些题却很深。题目出来之后，立刻在全校几百名学生中间引起了很大的轰动，学生们下课谈、走路谈、吃饭也谈。正经热闹了好大一阵子呢！"

何教授笑着又说："王大珩先生很有办法把学生的兴趣引到物理方面来。你看，我这个老学生现在都满头白发了还记得清清楚楚呢！"

郭永江又补充说道："给我印象最深的，就是王大珩先生做起事来那个急劲儿和认真劲儿。就说 136 教室吧，直到现在依然是全校最好的一个阶梯教室。这个教室可是王大珩先生当年亲自设计的。按理说，我们系里只要提出修建阶梯教室的总体要求就行了，至于具体设计施工都应该是总务部门的事。但王大珩先生却偏要拉着我到现场去看，他亲自拿着个皮尺测量讲台到第一排座位之间最合适的距离，测量每排之间的宽度，从物理学的角度考虑教室的梯度、声音、光线。结果，136 教室建成后成了最受欢迎的教室。首先是大而不散，因为老师和学生间的距离适度，所以，老师站在讲台上能很好地把握全场。其次，声音效果和光线都很合适，在这里上课，老师和学生都感觉很舒服。直到现在，老师们还都争着把自己的课排在 136 教室呢。"

原应用物理系学生、系主任、现退休教授徐庚武若有所思，缓缓接过话茬说："记得是 1950 年春节吧，我们几个学生凑在一起去给王大珩先生拜年。在王大珩先生那里坐下唠着唠着就说起了物理实验的事，说起了实验室的设备问题。那时候实验条件十分艰苦，我们做实验连根必备的米尺都没有，还是王大珩先生让把一卷皮尺剪成一段段分给我们用的。不知是谁先起了个头，大家就忘了初衷，开始你一言我一语地提起了意见。都是冲着实验设备去的，嫌实验室的仪器设备太简陋、太破旧，嫌做起实验太不顺手、太费事……王大珩先生一直不动声色地听着大家的话。直到一个个都说完了，他才讲了一段话。这段话至今我还记得一清二楚。他说：'我

122

是从清华大学物理系毕业的。我在我的老师那里学来的最好的经验，就是不要给学生好的东西用！这是清华物理系一个很独特的传统。我们在那里读书的时候,叶企孙先生常这样讲:就是不能给你们好的东西用，就是要逼着你们学会自己动手。开始我们也不理解，一个个被逼得手脚并用的。最后怎么样？到底都练出来了！我也是直到毕业以后，才越来越懂得动手能力对一个学物理的人来说有多么的重要。现在，即便是给我一堆破铜烂铁，我也能想方设法把它凑出个像样的东西来！'又说:'你们不要总是嫌仪器设备简单粗糙。我告诉你们一个最实际的例子，所有精密的东西起初都是在不精密的条件下用不精密的设备造出来的。你们从现在开始，就应该学会用低级的仪器做出好的实验结果来！'"

……

王大珩似乎从此就要在物理教学的路子上走下去了。如果没有特殊的变化，他也许会成为一名出色的教育家，为新中国培养出众多的应用物理人才。但是，王大珩心中从来就没有放弃过他的光学之梦。只要有机会，他就一定会为实现自己的理想而去奋斗。

第六章　拓荒者

馆长就馆长，只要能做事就成

1950 年秋，钱三强突然捎信邀请王大珩到北京来一趟，说有要事相商。

王大珩知道，钱三强早在新中国成立前就参与了筹建中国科学院的工作，此时正担任中国科学院行政秘书长的职务，若没有十分重要的事情，三强是不会轻易叫自己专程去北京的。因此，一接到三强的信，王大珩便匆匆赶赴北京。

几年不见了，钱三强还像从前那样热情开朗，只是在言谈举止中增添了几分干练，几分老成。一见王大珩的面，钱三强就笑，是那种满心欢喜的笑、意味深长的笑，直笑得王大珩莫名其妙。钱三强问："大珩，你现在还好吧？"

王大珩说："好，当然好！"

钱三强说："让我们赶上好时候了，看着吧，今后会更好。"

王大珩说：“是啊，真让我们赶上好时候了，今后当然会更好！”

不约而同地，他们想起了莎翁故乡那个美丽的湖，想起了湖上那次决定前途的谈话。他们很庆幸自己能及时回到祖国，亲眼看着新中国的诞生，亲自参加祖国的社会主义建设事业。

王大珩对钱三强说了许多自己办应用物理系的事。钱三强兴致勃勃地听着，忽然转了个话题问道：“大珩，还想搞光学玻璃吗？”

王大珩愣了一下，老老实实地回答说：“想，做梦都想。”

钱三强笑着又问：“那你想不想得到个机会呢？”

王大珩迫不及待地盯着钱三强。钱三强却笑而不语。

“别卖关子了，三强。说吧，找我来有什么事？”王大珩单刀直入。

“大事！”钱三强也紧盯着王大珩，说：“中国科学院要建立一个仪器馆，我想推荐你去挑这个头。不知道你是否愿意。”

“噢？”王大珩眼睛顿时亮了。

“大珩，我认为你最适合做这件事。你本身是搞应用光学的，又在工厂干过。而且我知道你一直就想搞光学玻璃，想发展我们中国自己的光学事业，我想，对你来说这是一个很难得的机会。”

机会！这是两个多么诱人的字眼儿。人们总是在追寻各种各样的机会，但并不是所有人都有幸能得到机会。父亲就没有，父亲有才气、有能力，但生不逢时，苦苦地追寻了一辈子，最终只能为怀才不遇而仰天长叹。现在，在经历了许多次的努力和失望之后，机会竟突然摆在了王大珩的面前。王大珩觉得浑身的血液仿佛一下子涌了上来，他尽量控制着内心的激动，轻声地问了一句："为什么叫馆？"

"因为这个机构不仅要负责研究工作，还要担负制造任务，兼有研究所和工厂的两种性质。叫所或厂都不合适。"钱三强回答。

"好！这种结构是最合理的。必须要有工厂，否则什么事情也做不成的。"还没待钱三强解释完，王大珩就兴奋地打断了他的话。

钱三强笑着说："就是名字不太好听——馆长。"

王大珩目光炯炯地看着钱三强，毫不犹豫地说道："馆长就馆长，只要能做事就成！"

也就是这一年，35 岁的王大珩有了自己的家。结婚仪式于 1950 年 10 月 8 日在北京中山公园"来今雨轩"举行。爱人顾又芬女士，上海人，毕业于上海第一医学院。1949 年从上海转香港到大连解放区，后任大连大学医学院小儿科主任医生。

1951 年 1 月 24 日，经钱三强推荐，中国科学院决定任命王大珩为仪器馆筹备委员会副主任，负责主持仪器馆的筹备工作。

　　王大珩领到的第一笔筹建仪器馆的经费是1400万斤小米。按当时的行情计算，一斤小米7分钱，王大珩领到的1400万斤小米折合成现金约98万元。王大珩心里很清楚，用这点钱办仪器馆，实在是杯水车薪。他也知道国家现在很穷，旧中国留下来的这个烂摊子千疮百孔，没有一处不需要修补重建。在这种情况下，国家能拿出这笔钱来发展应用光学事业就已经很不容易了，余下的部分只能靠自己来解决了。

　　怎么办？思虑再三之后，王大珩把目光转向了东北。东北当时是我国重工业最集中的地方，工业基础十分雄厚。而且，东北地区解放早，社会环境相对稳定，政府资金也比较充足。当时的东北科学研究所所长武衡很豪气地对王大珩说：“到东北来吧。到了东北，给你筹个五六百万没问题！”王大珩于是在东北各地进行考察，经过慎重考虑，最终决定把仪器馆建在长春市。

　　1952年初，王大珩出现在长春那清冷的街头。他身穿黑棉袄，头戴大棉帽，远看就像个普通的工人，走近后才会发现那个大棉帽下面压着一副很有学问的眼镜，只不过眼镜掉了一条腿，是用一根绳子挂在耳朵上的。只见他默默行走在冷冷清清的街道中间，不断地将若有所思的目光投向两旁那触目惊心的景象。

　　这是一座没有树皮的城市。在几年前那场长达五个月的围困战中，城里所有的树皮都被饥饿的老百姓剥光了，吃掉了。先是从剥榆树皮吃起，待榆树皮剥完以后就不管什么树都剥都吃。至今，这座城市里的所有树木仍毫无遮掩地裸露着白色的肌肤，以一种怪异的悲壮姿态艰难地挺立于严寒之中，低声哭述着那个曾经发生过的悲惨故事。

这是一座没有屋顶的城市。到处都是残垣断壁，到处是拆掉了房顶的房壳子，走遍长春城也找不到几座完整的屋顶。房顶也是在那场围困战中被拆掉的，没有烧的，人们只好把木制的房架子拆下来烧了。至今，那一栋栋破败的房壳子还如同一只只黑洞洞的眼睛，无助地望着头顶上的苍天，为那场著名的围困战做着真实的注脚。其实，当时烧掉的不只是那些房架子，所有能点燃的东西都找出来烧了，包括路边木制的路牌子，甚至包括沥青路面，统统都被抠下来烧掉了。

虽然无风，但空气中仿佛裹着无数坚硬的细针，不动声色地一下就刺穿了厚厚的棉衣，把严寒深深地刺进肌肤。王大珩停下脚步，紧了紧帽耳朵，抬起头向远处望去。远处是铁北。铁北是长春市的工业区，工厂大都集中在那里。此刻，铁北区的上空一片寂静，只有铁北那只最大的烟囱还突兀地矗立在那里，于寂静中品尝着一份难挨的孤独。王大珩的目光在触到大烟囱的刹那间"砰"地溅出了一束火花，一种异常的兴奋立刻烧红了他的脸。突然，王大珩一把掀掉了头上的帽子，兴冲冲地对着长春城大声喊道："我就要那个大烟囱了！"

王大珩挑中的铁北区当时是长春市最偏最破的一处地方。那时的长春人少城空，军管会巴不得来人建设，好地方尽着王大珩挑。没想到王大珩金不挑银不拣，偏偏一眼就看中了铁北的那个大烟囱。王大珩兴奋地说："没有烟囱建不起熔炼玻璃的炉子，搞不了光学玻璃，这个现成的烟囱能给我们节省下来六万块钱呢。"结果，仪器馆就建在了长春人最不待见的铁北区了。

很快，王大珩就带领 28 个人进驻长春，满身伤痕的长春城终于迎来了第一批雄心勃勃的建设者。

谁能想象得到，仪器馆的建设竟是从捡弹片、填炮弹坑、清除破坦克开始的。铁北的那只大烟囱旁边到处是炸弹坑、碎弹片和被打烂了的废弃坦克。王大珩他们就在这块千疮百孔的场地上一锹一锹地挖，一镐一镐地刨，硬是为仪器馆平出了一大片平平整整的土地。当年的老工人曾回忆道："王大珩那会儿哪像从国外回来的专家呀。整天跟我们一起住破房子，吃高粱米饭，就大葱蘸大酱。天天干力气活儿，灰头土脸地跟工人一个样。不说话还看不出个啥，一说话就分出两样了。你知道为啥？因为他说洋话说习惯了，一时半会儿扳不过来，一着急就从嘴里往外蹦洋词儿。嘿嘿，咱哪能听得懂呀。"

王大珩带着大家苦苦干了一年，仪器馆终于有了初步的模样。1953 年 1 月 23 日，中国科学院仪器馆在长春正式成立。中国科学院院长会议决定，由王大珩担任仪器馆副馆长，代理馆长主持仪器馆工作。

中国第一炉光学玻璃

仪器馆虽然成立起来了，但王大珩所面对的中国光学领域近乎一片空白。可以说，那时的中国几乎没有应用光学，在这片偌大的国土上，王大珩找不到一处可供利用的光学基础，一切必须从头开始。现实注定了王大珩只能做一个拓荒者，只能在一片废墟中去开拓新中国的光学事业。

但这么大的一桩子事，只靠王大珩一个人是不行的，他得集中人才，得有一批与他志同道合有志于中国光学事业的人，王大珩想到了龚祖同。

龚祖同是王大珩的清华学长，较王大珩年长整整十岁。王大珩入清华物理系的那一年，龚祖同已经是清华物理系的研究生了。研究生毕业后他又去德国留学了四年，在柏林工业大学攻读应用光学专业，1938年回国。王大珩知道，龚祖同回国后一直在为研制光学玻璃四处奔波，他吃了无数苦，碰了无数壁，在昆明、贵阳、秦皇岛和上海之间奔波了十多年，最终还是一事无成。王大珩刚回国时，龚祖同曾邀请王大珩共同研制光学玻璃。那次见面给王大珩留下了极深刻的印象，从龚祖同那焦虑的目光和痛苦的神情中，王大珩看出这是一个对国家、对事业有着极强责任心的人，是一个与自己有着共同追求、能踏踏实实做事的人。

　　王大珩马上提笔给龚祖同写了一封邀请信，真心诚意地恳请龚祖同前来担任仪器馆光学玻璃实验室的主任，承诺会为龚祖同提供研制光学玻璃的一切必要条件。王大珩相信龚祖同会接受邀请的，他相信单凭研制光学玻璃这一条，就会让龚祖同动心。

　　果然，龚祖同接到信后立刻放下一切，举家北迁，前来就职了。

　　这是他们的第二次见面，距第一次见面仅仅只有三年的时间，眼前的一切就已经发生了巨大的变化。三年前是龚祖同邀请王大珩，而这一次则是由王大珩来邀请龚祖同了。三年前，龚祖同邀请王大珩的时候中国还在国民党的统治下呻吟，中华大地烽烟四起、遍地苍夷，人民水深火热、生灵倍受涂炭。三年后的今天，祖国已处处是生机勃勃，一派社会主义建设的蓬勃景象了。相见之下，两人心中不禁感慨万千。

　　王大珩立刻任命龚祖同为光学玻璃实验室主任，把自己最看重的研制光学玻璃的工作交给了龚祖同。令龚祖同深感意外的是，王大珩竟然把自己积累了十几年的经验和在英国带回来的光学玻璃配方也全部交给了龚祖同。龚祖同震惊了，他知道研制光学玻璃是王大珩的追求，知道王大珩为光学玻璃曾经放弃过国外的博士学位，也知道王大珩在这方面已经有了多年的学术积累。他没想到王大珩会把这个机会让给他，更没想到王大珩会把配方和个人的积累都一并给了他。龚祖同感动得一时不知道说什么好，他知道自己来对了，相信与王大珩这样胸襟宽广的人共同奋斗，一定会干出一番大事业来。龚祖同没说什么，只暗暗地在心里下决心，一定要把中国的光学玻璃搞出来！

龚祖同果然没有辜负王大珩的信任，他以极大的热情全身心地投入到光学玻璃的研制之中，一边风餐露宿同大家一起艰苦创业，一边亲自动手设计出了玻璃熔炉和光学玻璃的后处理设备。王大珩也没食言，他全力支持龚祖同，带领大家就着铁北那个大烟囱，一砖一瓦地砌起了第一个玻璃熔炉，盖起了第一座玻璃熔制厂房。有了这些基本的条件，光学玻璃的研制工作很快就开展了起来。那段日子里，龚祖同几乎不分昼夜地守在玻璃熔炉旁。连龚祖同自己也没有想到，他付出了十多年努力而不得的光学玻璃，竟会在短短的几个月间就研制出来了。

那是 12 月里的一个最寒冷的日子，树枝上、房檐下处处结着一挂挂形态各异的冰溜了，结着一片片晶莹剔透的冰凌花，美得令人眼花缭乱、目不暇接。当龚祖同把一块水晶般的光学玻璃捧在王大珩面前的时候，周围的一切都黯然失色了。

谁也没说太多的话，这是两个感情同样内向的人。此刻，话都在他们的眼睛里。他们目不转睛地注视着这个让中国苦思冥想了几十年的梦，注视着这个让他们吃了无数苦，花费了无数心血的结晶，两个人的眼里不由得都有了一些像水晶、像光学玻璃一样晶莹的闪动。

许久，王大珩才抬起头激动地对龚祖同说："龚先生，谢谢你，谢谢你为中国光学事业作出的贡献！"没有遗憾，没有私念，只有真诚的祝贺和感激。

中国科学史激动地记录下了这个日子——1953年12月。这一天中国科学院仪器馆熔炼出了中国的第一炉光学玻璃，结束了中国没有光学玻璃的历史，为中国光学事业的发展奠定了基础。在中国第一炉光学玻璃的后面，也永远地留下了一个人的名字——龚祖同。

没东西就找王大珩要去

作为拓荒者的王大珩，在人们的眼中留下了一个与以往截然不同的形象。

从前那个文静、内向、略显怯懦的王大珩突然不见了，取而代之的是一个干什么都急，走路都是一阵风的王大珩。而且爱发脾气，脾气还挺大。私下里大家都说："天不怕，地不怕，就怕王大珩抓杯子把。"因为他讲话一激动就摸水杯子，摸到水杯子往桌子上使劲一磕，火跟着就发起来了。弄得大家一看他摸水杯子心里就打鼓，就知道事情搞坏了，他要发脾气了。但大家都知道，王大珩发脾气百分之百都是为了工作，而且从来不对工人发脾气，越是领导干部他脾气发得越大，决不拐弯抹角，也决不留情面。说实话，大家还真害怕王大珩发脾气，因为他总在理上。

王大珩发脾气最厉害的一次是因为上边要砍工厂。当时仪器馆不仅在长春有工厂，而且在上海也有工厂。那时候什么都学苏联，科学院组织人到苏联去考察，有人看到苏联科学院完全是搞基础研究的，就套用苏联的模式规范自己，说仪器馆这种研究所带工厂的形式是四不像，应该分开。东北分院的领导把王大珩叫去谈，王大珩不同意，竭力阐述研究所与工厂相结合的必要性，反复讲离开工厂就做不出东西，干不了事的道理。没想到人家根本不听，任你怎么说，就是一句话：必须把工厂砍掉。王大珩一下就火了，拍着桌子喊道："砍掉工厂我就不干了！"说罢，掉头就走。人家一气之下把状告到了东北分院院长武衡那里去了。没想到武衡听后竟笑呵呵地说："我看王大珩讲得蛮有道理嘛，他的事你们就不要管了，他愿意怎么干就让他怎么干去吧。"结果王大珩倒是赢了。

王大珩的严也是有名的。对下面的科技项目论证，他总是一点一点地抠，有一点含糊其辞的地方都甭想过他那道关。管理也严，王大珩常到研究室、实验室东摸一把、西摸一下地检查有没有灰。要是让他在仪器上摸出灰来，那就谁也别想脸上好看了。有一次，王大珩到一个实验室去，无意中发现有人把钳子、螺丝刀等工具丢弃在测量平台上了。测量平台要求台面必须保持十分光滑平整才行，否则会影响测量效果，硬器放在上面极易损坏台面。王大珩看得心疼不已，这可都是费尽心思攒下来的家当呀。王大珩的脾气当即就上来了，把实验室负责人叫到面前，劈头盖脸地训了半个多小时。

在学术问题上，王大珩却没有脾气。虽然，王大珩在学术上很坚持自己的意见，喜欢跟人争论，常争得面红耳赤，但实在争执不下的时候，王大珩也会说说气话："我不看你了！永远也不看你了！"可大家谁也不把他这话当真，知道他说完了一回头就会忘个一干二净，知道他一旦发现人家有道理就会转过弯子来接受人家的意见。也知道他一旦接受了你的意见就会立刻向你承认错误，同时还会认认真真地告诉你说："我想过了，还是你说得对，是我错了。"不管对方是年轻的还是年长的，是下级还是学生，态度都是那么诚恳自然。

仪器馆的工作很快就有了起色。在成立后的极短时间内，仪器馆就迅速地把名声创了出去。中国科学院的各个研究所都开始注意到仪器馆，开始利用仪器馆了。只要是需要科研仪器和设备，他们首先就会想到找仪器馆，找王大珩。在很长一段时间里，中国科学院的人都常把"没东西就找王大珩要去！"这句话挂在嘴边。

金属研究所的师昌绪当时要做一个观察蠕变的实验。金属在高温下形变的过程称为蠕变。这种实验必须借助长聚焦镜头来进行观察，但是金属所没有长聚焦镜头，那时候这种东西又根本买不到。怎么办？师昌绪去找金属研究所所长李熏商量。李熏听了连"钵儿"都没打，立刻指点他道："找王大珩去！"师昌绪就去找王大珩了。原以为这种完全是让人家来配合自己的工作，这种纯粹是给人家找麻烦的事，多说点好话人家能答应就不错了。没想到王大珩十分热情，一口应承下来不说，还安排作为重要项目重点研制，很快就把长聚焦镜头做出来了。这件事把师昌绪感动得不知道说什么才好。

仪器馆正式成立后的第一年就大见成效，不仅完成了光学玻璃、显微镜、水平磁力称、材料试验机等项目的研究，还初步建立起光学设计与检验、光学工艺、光学镀模以及光学计量测试等技术基础。第二年，仪器馆就有五项科研成果获得了中国科学院东北分院的荣誉奖励。到了1957年，仪器馆在光学玻璃熔制方面可以基本满足制造光学仪器的一般需要，能够试制生产出用于国防军工方面的特殊光学玻璃。同时在光学设计方面也已经能掌握当时国际上若干尖端技术的设计方法，并且能够创造性地作出性能优越的光学系统了。除此之外，还掌握了利用多层镀膜制备干涉滤光片的技术和建立起精密刻画及精密机械制造工艺等技术基础。

1957年4月，仪器馆更名为"中国科学院光学精密仪器研究所"，王大珩由馆长改任所长。

毛泽东的脸上露出满意的微笑

　　王大珩曾经在 1956 年受国家科委的邀请，参加了《中国科学技术发展十二年远景规划》的制订。当时王大珩负责起草光学、精密仪器发展方面的有关条款，他力主将发展我国仪器制造事业、提高我国仪器制造的科学技术水平列为重要项目之一，并提出了许多积极有效的建议。但其间发生的一件事，使王大珩一直无法忘记。当时，王大珩他们提出要把研制电子显微镜列入规划，但立刻遭到了苏联专家的反对。苏联专家轻蔑地打断他们的话，用居高临下的口气对他们说："就目前中国精密仪器的落后现状来看，12 年内你们中国根本就不可能做什么电子显微镜！"这句话连同苏联专家那居高临下的神态和轻蔑的语气一起，深深地刻进了王大珩的心里。苏联专家的意见在那时有着举足轻重的作用，他们的提议因此没有被采纳。

　　到 1958 年的时候，长春光机所经过几年的建设已经具备了较强的科研基础，培养起了一支具有较强科研能力的科技队伍，王大珩也开始寻找新的科研发展方向。就在这时，光机所来了一位 20 多岁的年轻人。这位年轻人是刚从德国回来的电子光学专家，他毕业于美国富兰斯大学物理系，又获得了联邦德国杜宾根大学的应用物理博士学位。年轻人说他有一个梦想，就是研制中国自己的电子显微镜，年轻人希望能在光机所实现这个梦想。当时王大珩正在外地出差，接待年轻人的副所长听到他这个狂妄的想法很吃惊，就委婉地告诉他，说光机所短期内没有研制电子显微镜的计划，只有一个在五年内派人去东德学习电子显微镜技术的计划。听了副所长的话，年轻人只好失望地离开了。

幸好副所长事后给王大珩打了个电话，把这个年轻人的情况向王大珩作了汇报。王大珩一听送上门了一个从德国回来的电子光学专家，就立刻兴奋起来，说："太好了，我们正急需这样的人才，你一定要想办法把他给我留下来！"

幸好那个年轻人还没离开长春。当天下午，副所长找到了他，见面就说："你赶快回北京去把你的行李拿来吧。"见年轻人愣在那里不知所以，又笑着说："国庆节之前你肯定是回不去了，你总得回去拿点换洗的衣服吧？快去吧，工作马上就开始了，国庆前就得拿出成果来。"

年轻人这才明白过来，他研制显微镜的想法竟然被接纳了！

王大珩立刻赶回光机所，会见了这个年轻人。交谈中，王大珩才知道这个年轻人的名字叫黄兰友，是创造了被国际上称为"黄鸣龙还原法"的著名的有机化学家黄鸣龙的儿子。那一次，王大珩与年轻的黄兰友谈了很久。他给黄兰友讲了苏联专家说过的那些话，讲了那居高临下的眼神和那轻蔑的语气，讲了身为一个中国科学家自己当时的难堪和羞愧，讲了从此凝聚在自己心中再也抹不掉的强烈愿望……

那时候世界上只有极少数发达国家能做电子显微镜。王大珩以他的胆识和魄力大胆地把研制电子显微镜的项目确定下来。当时，光机所已经定下了7个攻关项目，王大珩不仅又纳入了研制电子显微镜的项目，还把它作为重点排在了第一号的位置。他全力支持黄兰友，为黄兰友配备了得力助手，协调了各方面关系，提供了各种有利条件。

几十年后，已经是我国著名电子光学专家的黄兰友先生回忆起当年研制我国第一台电子显微镜的情形时仍旧感慨万千。他在一篇回忆文章中写道：

　　我大吃一惊，说这么一个大型仪器要两三年的时间，怎么可能在几个月里做出来呢？……通过参观，讨论，他们成功地说服了我，他们完全有能力做电子显微镜。我暗中敬佩领导这个大所的王所长。他聚集了这么多的有各方面专长的人才。

　　他们充满热情和信心，他们思路清楚，判断准确，干事果断。……许多重要的信息交流和决定都是在我们站着谈话中进行的。你一言我一语就把问题讨论清楚了：

　　"要金属扩散泵？不好办！"

　　"扩散泵？我们有。"

　　"我记得原子能所做过。"

"极靴材料？"

"金属所会做。我打电话去问。"

"微米级加工？不成问题。"

如此等等。

所里把电镜排为第一号任务，我们提的要求更能迅速得到满足。……光机所八个献礼大项目同时在所里转，都要机械设计，都要加工，要器材等等，而且每个项目都是以前没有搞过的新东西，免不了都有大量的返工。在我看来是一团乱哄哄的事，光机所是怎么组织得如此有条有理，让各个辅助部门按期把各个项目组要的东西保质保量地交给他们，对我一直是个谜。

光机所的人才是多方面的，给我留下深刻印象的是一位器材处的小姑娘。我第一次和她接触是在电话里。她从上海打长途问我，我提的"软接头"是什么。提器材时我不知道波纹管的中文名字，周围的人也都不认识这玩意，所以，我就写了"真空软接头"。我在电话里大致形容了一下波纹管的形状和用途，心想，她怎么可能根据这几句话在大街上买到这么一个真空专用的元件呢？不料，没有过几天一位身材苗条的上海小姑娘把波纹管放在我的书桌上，问我："是这个吗？"她说她是在汽车配件商店里买来的，是汽车刹车系统中用的。

　　1958 年 8 月 19 日凌晨 2 点 45 分，我们在荧光屏上得到了第一个电子显像，是一个海洋古生物硅藻土的像。那天新华社记者给我们照了相。等我们把这台电镜基本功能调整好，截止时间已经到了。

　　1958 年，在越来越响亮的"大跃进"的口号声中，王大珩领导长春光机所组织了两次大规模的技术攻关。两次技术攻关期间历时不到四个月，就攻下了一批国内领先的科技成果。这号称为"八大件，一个汤"的科研成果立刻在全国科技界引起了极大的轰动。《人民日报》以头版篇幅刊登了长春光机所的突出成就，国家科委、国务院规划委员会纷纷来电致贺，中国科学院院长郭沫若、副院长张劲夫、吴有训等亲自到长春光机所参加科研成就祝捷大会，并在会上发表了热情洋溢的讲话。

　　光机所在全国放了一颗耀眼的科技卫星。

　　与那些昙花一现的粮食卫星和钢铁卫星不同的是，这颗科技卫星经过后来的反浮夸风运动的检验，被证实是切实可靠的。

　　1958 年 10 月 27 日，毛泽东来到中国科学院举办的"自然科学跃进成果展览会"的展厅。他饶有兴致地观看着各种科技成果，信步走向了占据着最为醒目的位置的一台精密仪器。

　　"这是电子显微镜。"工作人员赶忙上前介绍说。

"噢？"毛泽东若有所思地想了一下，突然回过头问中国科学院院长郭沫若："我记得东德曾经送过我们一个嘛。"

"对。"郭沫若回答说："那是一台静电电子显微镜，是东德 IECK 总统送给您的生日礼物，我代表科学院出面接受的。"

"这么说现在我们自己也能造喽？"毛泽东问。

工作人员立刻详细介绍道："这是一台电磁式电子显微镜，比东德的那台静电电子显微镜更先进，是长春光学精密机械研究所研制的。长春光学精密机械仪器研究所在大跃进中做出了一大批突出的科研成果，号称'八大件，一个汤'。这个电子显微镜就是'八大件'中的第一件。除了它还有高温金相显微镜、多臂投影仪、大型光谱仪、万能工具显微镜、晶体谱仪、高精度经纬仪、光电测距仪共 8 种有代表性的精密仪器。'一个汤'，是指他们研制出的一系列新品种的光学玻璃……"

毛泽东认真地听着介绍，脸上露出了满意的微笑。

第七章　从废墟中崛起

大漠上的中秋圆月

　　王大珩抬头望去，望着眼前这广袤无垠的沙漠。目光所及之处看不到一点生命的迹象，王大珩真的觉出了满目的苍凉。通往大漠深处的这条路，被这里的人们形象地称为"搓板路"。这里都是这种路，路面干硬而又凹凸不平，人在车厢里就像被放进簸箕里一样，东倒西歪上下不停地颠簸。颠簸了很久，他们才到达大漠深处的目的地——导弹试验基地。

　　基地里一片沉寂，所有工作都停止了，到处是安装了一半的设备，到处是趴了窝的机器……

　　20世纪60年代初期，中苏关系破裂，苏联单方面撕毁了对中国的援建协议，中止了正在中国开展的150多个科学技术合作项目，撤走了在中国的1390多名苏联专家，并带走了全部的技术图纸，致使大批援建项目仓促下马，在建的项目也由于没有了图纸和后续设备而陷入一片混乱，不得不停建。这个正在建设中的导弹试验基地，也因为苏联专家撤走而停了下来。

当时，面对这种局面，国防科委开始调整思路，把目光转向了国内专家。他们找到王大珩，希望王大珩带队去导弹试验基地，对苏联专家在那里干了一半的光测设备进行全面诊断，排除故障，安装调试，使其能尽快投入使用。

这是自苏联专家撤走之后，国防科委第一次启用国内专家。一切都是在一种神秘的气氛中进行的。人员经过严格的筛选，出生成分、政治面貌、技术能力、身体条件层层把关。特别是政治面貌，最终筛选出的人里，除王大珩外，个个都是中国共产党党员。任务也一直都是严格保密的。所有人只知道自己要去参与一项特殊的任务，但谁也不知道究竟要到哪里去，需要多长时间，甚至都不知道具体是去做什么。从一开始被选入起，他们就被告知了许多的"不许"：不许告诉家人自己正在参与一项特殊任务；出发前要像平常出差一样，不许向亲属透露详情；到达目的地后，不许与亲友通信联络；期间不许向任何人暴露自己的去向和工作内容……

临行之前，国防科委副主任安东少将专门来为他们送行。安东少将用充满希望的目光注视着他们，并加重语气说道："大家都知道，目前我们遇到了很大的困难。在这种情况下只能靠我们自己，只能靠你们了，你们肩上的责任重大呀！我就不多说了，一句话，你们必须给我完成这个任务，要拿党票做保证！"

上了车他们才知道，他们是向着西北方向去的。坐了几天几夜的车，他们终于到达了西北的这个导弹试验基地。直到亲眼看见了基地的现状，王大珩才发现情况远比他想象的要严重得多。

基地司令员指着那堆瘫痪的仪器设备对王大珩说："看看吧，干得好好的，说扔下头也不回地就走了。这可都是钱堆起来的呀，看着真叫人心疼。你不知道当时我这心里有多憋气，就想骂娘！"司令员满怀希望地看着他们这一行人说："你们来了就好了。还是老话说得对，莫求人，求人难。说到底呀，涉及到国防上的事谁都靠不住，只能靠咱们自己！"

看着眼前的情形，听着司令员的话，王大珩和同事们只觉得一股气在胸中凝聚升腾，浑身的热血都涌动起来了。如果说，来这里之前他们感觉到更多的只是一种神秘感，那么现在他们则是实实在在地感觉到了担在肩头上的沉重的使命感。王大珩进入了角色，而一旦进入角色，王大珩就拼了，开始领着大家没日没夜地干。

每天很早的时候，王大珩就带领大家揣上中午饭，爬到大解放车上颠簸着出发了。基地的站点之间距离都很远，他们得挨个站点跑，所以大部分时间都是在一望无际的戈壁滩上，在通往各个站点之间的路上。路是那种干硬的搓板路，在这种路上跑，汽车就像个醉汉一样不停地摇晃颠簸。大西北的太阳如同火球般灼热，地表温度常常高达40多摄氏度，石头被晒得滚烫，鸡蛋搁在上面一会儿就能被烤熟。这里一年到头不下雨，但只要下上一点雨就会立刻发大水。没有人气，满目荒凉的硬戈壁上只有坚硬的搓板路向远处无限延伸着。唯一一次，他们在途中看到了一队人。远远地，大家的目光就被吸引过去了，情绪立刻高涨得不得了。好长时间没见到生人了，他们憋足了劲儿准备好好上前热闹一下，认认真真地看一看自己的同类，痛痛快快地和生人打上几声招呼。直到走近了，看清楚了，大家憋了半天的劲儿却一下子就泄掉了。原来，那是一队重刑犯人。只见那队人稀稀拉拉很随便地走着，几乎没有人看管。大家乍看之下还觉着奇怪，但仔细一想也就明白了，根本用不着担心，没有人能从这里跑得出去。不信你就跑个试试，保准跑不了多远就得乖乖地折回来。明摆着，这个鬼地方方圆几百里之内找不到一滴水，不回来就得活活渴死在半道上。

对于王大珩来说，生活上的困难算不了什么，关键是工作的困难太大，没有图纸，没有技术参数，手头上一点可用的资料都没有，人家把所有能用得上的东西统统都带走了。没办法，王大珩只能带领大家一点一点地琢磨、摸索，一次又一次地安装试验。往往是拆了装，装了拆，不知要经过多少次才能达到要求。就这样，王大珩带领着大家在艰苦的条件下苦干了整整五个月，硬是把苏联专家扔下的烂摊子拣了起来，把安装了一半的仪器设备全部检测组装完毕，可以投入正常运行了。

正是中秋时节，一年中月亮最圆的日子，过了这个八月十五，王大珩他们就要离开基地了。当晚，基地司令员请大家一起出来赏月。

一到赏月现场，大伙就忍不住乐了，现场除了摆着月饼、水果外，还竖着一个大口径跟踪望远镜。司令员得意地指着望远镜说："你们不是专门搞这东西的吗？咱今天就用它来赏月，赏出我们自己的特点来。"

自从来到大西北，大家的心情第一次这么轻松，对着大漠中的那轮明月，在杯子、瓶子、饭碗的叮叮当当的碰撞声中，他们喝了一杯又一杯。基地司令员当晚的兴致格外高涨，一次又一次地高举酒杯，他说他以一个军人的身份对科学家们表示衷心的感谢，感谢他们能关心国防建设，重视国防建设，感谢他们为国防建设作出的贡献。直谢得王大珩心里越来越不安。王大珩站起身来，端起酒杯恳请司令员不要再提感谢这两个字了。他诚恳地对司令员说："这些工作本来就应该由我们来做，国防科技本来就应该由中国的科学家来承担。今天，借着您的这杯酒，我在这里表个态，我们今后一定要把更多的精力用在国防科技领域中，一定要参与国防科技的建设！"说罢，王大珩把杯中的酒一饮而尽。他知道，从此他是再也无法放下国防科技这个沉甸甸的词了。

西黄楼的灯通宵不灭

王大珩注定了迟早要走进国防科技中来，因为光学不但是常规武器的眼睛，在原子弹、导弹的研制中更有着独特的地位。

据说，在研究落实研制原子弹、导弹的各项工作时，钱学森说了一句话："原子弹、导弹中的光学设备一定要让长春光机所来做！"钱学森的这句话使长春光机所从此正式走入了国防科技领域。此后不久，长春光机所就接受了以"150工程"为主的一系列国防科研项目。

"150工程"是长春光机所自成立以来承担的最大最重的一个科研项目。"150工程"所要求的技术之复杂，水平之高，工程设计量之大，研制周期之短，都是以往承担的诸多科研项目所无法比拟的。"150工程"集技术光学、机械与精密机械仪器制造、光学材料、导航、红外物理等多种学科于一体的特点，决定了必须要选择一个博学多才，能统领起各方面的人来担此重任。于是，王大珩当之无愧地承担起了"150工程"总工程师的重任。

在动员大会上，王大珩讲得很动情。他说："有人问我，从发展前途的长远观点来看，我们到底是应该发展军品还是应该发展民品？我回答说，无论从哪个角度来看，我们现在都应该优先发展军品。为什么这么说呢？第一，没有国防根本就无从去谈发展。八国联军打进来的时候，我们上哪去谈发展。日本人侵略我们的时候，我们还有什么可能去谈发展？第二，道理更简单，民品是可以买得到的，只要拿出钱来人家就肯卖给你。但军品可是花多少钱也买不来的呀，人家不会心甘情愿地用自己的先进东西把你给武装起来。我给大家讲一件事情，不久前我们从欧洲的一个国家进口了一吨半重的军用先进仪器，因为国际上卡我们，这期间来来回回费了许多的周折，好不容易才把这些仪器弄回来了。你们想象得出来为了买这一吨半的仪器我们国家拿出了多少钱吗？一吨半黄金！那叫一吨半黄金啊，贵不贵？不用说谁都知道贵，太贵了。可人家心里明白再贵你也得买，因为你自己没有，因为你自己搞不出来。就这么贵，也算是照顾你了，要不然人家压根就不肯卖给你。在座的各位都是做科研工作的，听了这样的事，你们还能睡得着觉吗？我就睡不着。让国家这么为难，我们还有什么理由奢谈自身的发展？没有别的选择，我们只能干，我们不干谁干！"

有几百人参加的庞大的"150 工程"就这样轰轰烈烈地干起来了。当年参加搞"150 工程"的人一提起来都是这句话："那年头人气足！"的确，那时候人气十足。说干什么，"呼啦"一下就干起来了。几百号人没日没夜地拼命干，成天地加班，成月地加班，成年地加班。当年承担机械加工工艺的赵君鹏老人说："搞'150 工程'的时候，所有的精度都在我的手里，王所长特别重视我们这块儿，只要我一加班，他准跟着加班，有什么问题当时就研究，当场就解决。较劲儿的时候几天几夜不离开工作现场，困急眼了随便靠在哪打个盹儿，睁开眼睛再接着干。要知道，那是啥时候呀，是三年困难时期，是饿肚子的时候！一顿饭就一个二两的馒头还得抠掉一点，高粱米糠吃得屎都拉不出来，一多半的人浮肿。科研人员哪个不是空着半个肚子，拖着两条肿得老粗的腿。可光机所那西黄楼的灯就是通宵不灭！"

在组织实施"150工程"的过程中，王大珩显示出了超人的科研能力和组织领导才能。

有人说王大珩"神"了，光、机、电样样通，相关学科没有他不懂的。这话说得不假，但也有假。说有假，是因为王大珩不可能把机、电、工程技术等方面都搞得像应用光学那么精通，这些毕竟不是他的本行。说不假，是因为他的确什么都在行，不论研究哪方面的问题他都能深入进去，都能说到点子上。在探讨非本行问题时，王大珩经常能随口列举出一些最新的研究成果，有些甚至是应用面很窄的文章。他对机械工程等方面的整体把握能力、判断分析能力和熟悉程度，常使行内人士大为惊讶，说他"像是一个很权威的高级工程师"。其实王大珩的"神"在很大程度上是得益于他的经历。他在英国的昌司玻璃工厂工作了整整6年，工厂的实践必然使他比一般的科研人员涉猎面更宽。回国后他在创办光机所的过程中又始终坚持了科研带厂的思路，这种格局更有利于进一步扩大他的知识领域，更有利于培养他对多种学科的整体把握能力。当然，王大珩的"神"更主要还在于他始终保持着勤奋学习的精神。无论走到哪，王大珩总要随身带着书，有点时间就捧着书看，不仅睡觉前看，而且一觉睡醒了大半夜爬起来又看，常弄得一起出差的同屋人哭笑不得。除了书本学习外，王大珩更注重向他人学习。王大珩喜欢与人聊天，他很推崇英国人喝下午茶的习惯，说每天下午喝一个半小时的午茶比开会效果好。在一种很轻松的气氛下，无所顾忌地聊一聊，可以交流大量的信息，这时候才最容易出新思路、出新东西。他说他的很多想法都是在与人交流的思维碰撞中形成的。1979 年，身兼法国总统科学顾问的法国科研中心理论和应用光学研究所所长安德列·马尔夏尔到长春光机所进行学术访问。他与王大珩进行了两天的接触和交流之后，对王大珩的广识和渊博感到十分惊讶。临行前，安德烈·马尔夏尔说他很高兴，他没想到来到中国会看到这样一个高水平的光机研究所，没想到会在这个研究所里认识这样一位学识渊博的所长。

还有人说王大珩关键是会用人，他爱才如命，特别了解手下人的长短处，特别懂得怎样使每个人的长处都能得到最大限度的发挥。光机所有个有名的人物叫唐九华。他有名一是因为业务能力强，二是因为性格古怪。唐九华是上海交通大学机械系毕业的高才生，在交大读书时就以成绩优异而著称，连吴有训先生都曾用赞赏的语气提到过他，说交大有个唐九华！但唐九华的个性很强，他生性讲究洁净，会因为别人把土弄到了自己的床上而连盆一起把花扔掉。他自己不吸烟也很讨厌别人吸烟，开会的时候他就没鼻子没脸地把吸烟的人往外赶，或者干脆自己搬个凳子到门口去坐着，弄得满屋子的人都不自在。大家背地里就叫他"唐老偏"。有人告诉王大珩说，唐九华出差总是带个不大不小的包，里面装着不多不少的东西，最后扣上一个盆肯定刚好拉上拉锁。说是他计算得十分精确，决不肯让包大了浪费地方，也不肯让包小了装不下东西，而每次都带上盆是因为讲究卫生的缘故。王大珩听了大笑着说："好，我就喜欢这样的人！搞科研做工程就需要这样做事讲究精确、恰到好处的人！"王大珩把"150工程"的许多具体工程设计都交给了唐九华，他说唐九华是一个非常好的工程师，把工作交给他心里踏实、放心。唐九华的脾气太直太偏，一般人都接受不了。王大珩在光机所有很高的威望，与他资历相当的人都很敬重他，若论资历，唐九华应该叫他老师，但唐九华却是光机所唯一一个敢当面顶撞王大珩的人。唐九华喜欢叫真儿。"150工程"总体论证中有很多交叉意见，开会时，唐九华就经常为各种各样的问题与王大珩发生争执，常常吵得不可开交。但王大珩却似乎从不在意，偶尔哪次开会唐九华没来，没有人跟王大珩吵了，王大珩还会到处找，"怎么没让唐九华参加呢？""把唐九华找来？""这件事得征求唐九华的意见。"王大珩说，他最欣赏唐九华的正直、正派、敢讲真话、实事求是。他说："我喜欢正直的人。可以不听我的话，但一定要有见解。"唐九华后来一度担任过光机所的所长，当时光机所被列入了改革单位，为适应体制改革的变化，提出所长应由经营管理型的人来担任。唐九华听后很认真地想了想说："我是个业务型的人，不适合做经营管理工作，我就不当这个所长了。"王大珩说："你看看，这就是唐九华，他在对待自己的问题上也是这么较真儿，也是这么实事求是。"唐九华果然成了王大珩最得力的助手之一，在"150 工程"中发挥了极其重要的作用。

半竿子还是一竿子？

"150 工程"整整干了五年。这期间曾发生过一场持续了两年之久的关于"半竿子"和"一竿子"的争论。

从一开始搞"150 工程"，光机所里就一直存在着这样两种不同的意见。主张"半竿子"的人认为：我们是科研所，科研所的任务就是搞研究，不是搞生产。因此，我们只能负责"150 工程"的研制任务，而生产产品的任务则应该交给生产部门去做。这样我们就不至于被一个项目缠住腿，可以腾出更多的时间和人员去开展其他的科研项目。应该说，这种主张是无可厚非的，是符合科研单位工作性质的。但是，王大珩却不同意。王大珩主张要"一竿子插到底"，把研制产品和提供产品的任务全面承担下来。王大珩说："不错，科研单位是有科研单位的性质，但我们国家不是还有我们自己的国情吗？我们是个穷国，国家在这么困难的情况下，拿出这么大的投资来搞科研，不易啊。如果我们不搞'一竿子插到底'，国家就得再重新组织起一套负责生产的人马，就得多花许许多多的钱。大家都知道，军工产品是不需要大批量生产的，重新组织起一套人马来不值得。既然如此，我们为什么不能豁出自己来，能省就给国家省下一点呢？"

许多年后，当人们对王大珩的思维轨迹和行为方式已经有了十分深刻了解的时候，在光机所里便流传开来这样一句话："王大珩这个研究员是中国的研究员。"很难说人们在说这句话的时候总是带着完全意义上的褒义，因为"中国的研究员"常常会不顾及光机所的自身利益。

有很多这样的例子。1965年，国家因光学工程需要，给科学院投资300万元，让科学院负责生产出一批高质量的大玻璃。这个任务理所当然应该落到长春光机所的头上。光机所本身就是搞光学的，有现成的技术力量，如果再得到这笔投资，就可以大大地改善现有的科研生产条件。这是一件很令人为之振奋的事情。但谁也没想到，事到临头，这只已经煮熟了的鸭子却眼睁睁地飞了。原因竟是王大珩不同意！王大珩认为，这笔钱投在光机所不能发挥最大的效益。光机所虽然能够很好地完成这批玻璃的生产任务，但光机所毕竟不是产业部门，在完成这项任务后，所投入的设备势必会因面临闲置而造成极大浪费。王大珩建议把这笔钱投到轻工业部门，这样既解决了光学工程的临时需要，又能充分发挥这些设备的作用，使其继续为国家创造效益。眼看到手的 300 万就这样白白地放弃掉了。许多人不理解，其实不是道理不好理解，只是心里不舒服，私下里就有人苦笑着说："王所长考虑起问题来，怎么总像个政府官员似的。"后来，那笔钱投到了上海新沪玻璃厂，果然造就了一个如今在规模、设备和生产等方面都位居全国前几位的大型玻璃生产企业。

光机所的人都说，他们与其他单位争课题、项目的时候最怕有王大珩在场。为什么呢？因为有王大珩在场他们就打怵，就不敢把自己的优越条件讲得太过，讲过了王大珩就会毫不客气地当场纠正。还因为王大珩常常会把屁股坐到人家那面。常有这种情况，在家讲得好好地到那里无论如何要把这个课题争过来，但王大珩只要听到人家有更充分的理由，就会立刻反过来替人家说话。在这些事情上，王大珩好像不会分里外，不会打自己家的小算盘，不会给自己争好处。他只看谁的条件最适合做这件事，只看这件事怎样做才对国家最有利。

1963 年 4 月，国防科委、国防工办和中国科学院联合在北京召开了"150 工程"第五次会议。这次会议明确支持了王大珩的"一竿子插到底"的观点，决定由光机所从研制到提供产品全面负责下来，从而结束了"一竿子"与"半竿子"

的争论。在王大珩的严密组织下，"150工程"始终进展得十分顺利，这项参加人数多达600人，历时五年半之久的大型科研工程竟一次试验成功，其中的几百个项目都顺利地通过了国家的鉴定。1966年4月，"150工程"正式整体通过国家鉴定。"150工程"成功地开创了我国自行研制大型精密光测设备的历史，为国家节约了大量外汇，为独立自主地发展我国尖端技术作出了突出的贡献。

此后，在王大珩的主持下，长春光机所多次承接国防科研任务。他带领科技人员参加了第一次原子弹的爆炸试验，参加了第一次向南太平洋发射远程运载火箭的研制试验，参加了第一颗人造地球卫星（东方红号）的方案探讨……他们一次又一次地在国防科技领域中取得了令人瞩目的成就，国家授予了长春光机所"全国国防军工协作先进单位"的称号，为长春光机所颁发了科技进步特等奖，也为王大珩颁发了个人特等奖。

多年以后，在中华人民共和国成立50周年的时候，中共中央、国务院和中央军委为23位"两弹一星"元勋颁发了功勋奖章。在这些为研制原子弹、导弹和人造地球卫星作出过突出贡献的科学家名单上，王大珩的名字赫然名列其中。

从国家领导人手中接过功勋奖章的那一刻，王大珩想起了第一颗原子弹爆炸成功后，他和光机所参加原子弹爆炸试验的几个同事聚在一起庆祝的情形：

那个晚上，他们个个都激动得无法自制。因为，几年来他们一直是在严格保密的情况下来做这项工作的。没有人知道他们做的是什么课题，连他们的家属也不知道。他们常常突然离家，却不能告诉家人自己的去向，往往一走多少天也不给家里半点音信，回来了却连句解释的话都没法说。现在，他们终于可以大声地告诉亲人，他们参加了原子弹爆炸的试验，他们所负责的光学测试项目在原子弹爆炸试验中取得了圆满的结果，他们为中国第一颗原子弹爆炸成功作出了贡献。

王大珩记得他那天特意自带了一瓶红葡萄酒，给每个人斟上了满满一杯。他还记得，当酒杯高高举起时，他看到每一只手都在剧烈地颤抖，每一个人的眼中都闪动着的泪光。随着"呼"的一声碰响，他们把酒一饮而尽。当红色的液体流入滚烫的喉咙时，王大珩觉得自己的身体立刻燃烧了起来。

那一夜，他们都喝多了。

第八章　他是一棵树

创办中国第一所光机学院

在我国光学界有一个很有意思的现象，几乎所有的人都习惯地自称是王大珩的学生。甚至不止是在光学界，许多与光学沾点边的领域也都认王大珩，没有人能真正搞得清楚王大珩究竟有多少学生。

王大珩说："这不好。"他很严谨，他自己就从来不随便说某某某是我的学生，或我是某某某的先生。但人家却不管，人家就是愿意做他的学生，就是愿意自称是他的学生，就是认他，而且人家认也有认的道理。人家说学生有狭义和广义之分。狭义的是指那些他任教时的学生和他的硕士生、博士生以及他亲自指导过的研究人员。广义的范围可就大了，只要是听过他讲课的，在他手下工作过的，在他创办的学校读过书的，都可以说是他的学生，甚至还包括那些听过他的学术报告，受过他的学术影响的人。

"他是一棵树。"王大珩的一位学生说。

的确，王大珩的学生出类拔萃，成就斐然，他们中的许多人如今都是光学界各领域的带头人，许多人都已成为了中国科学院和中国工程院的院士。王大珩就像一棵苍劲挺拔的大树，与枝繁叶茂的学生们一起，共同托举着硕果累累的中国光学。

王大珩不是教育家，但他却亲手创办了我国第一所以光学为主，光、机、电相结合的高等院校——长春光学精密机械学院（长春理工大学前身）。

创建长春光机学院是在1958年。那时候中国的光学事业已初见雏形，长春光机所正渐趋羽翼丰满。此时，光机专业人才大量缺乏的矛盾便显得格外地突出了。为了光机事业的长远发展，王大珩接受了龚祖同等人的建议，下决心利用长春光机所的有利条件，创办了长春光学精密机械学院。

王大珩以光机所所长的身份兼任了光机学院的院长。由于当时师资力量极度缺乏，学院的院长、副院长每人都必须兼授一门课。王大珩自告奋勇承担了教授基础物理课和技术物理专业课的全部课程。对长期脱离教学的科研人员来说，基础物理课恐怕是最难讲的了，它需要非常扎实的基础知识和清晰准确的阐述能力。至今，长春光机学院的老学生们只要一提起王大珩讲课时的风采，还忍不住津津乐道，赞不绝口。

王大珩讲课从不照本宣科，也从不在讲台前面站着。他习惯于把教案握在手里，不停地在前面走来走去，边走边讲。有的老学生戏言大珩先生的这个习惯是冻出来的，说是一开始时教室太冷的缘故。他们说刚建校时条件十分艰苦，是在临时借的教室里上课。冬天教室里没暖气，只好在中间支上一个煤炉取暖。但门窗都是破的，寒风便总能畅通无阻地冲进来，在教室里得意地肆虐盘旋。老师和学生们来上课，只好都把自己捂得严严实实。学生们在下面坐久了冻脚，冻得受不了就在地上跺一阵子，许多学生的脚都冻肿了，冻伤了。老师在黑板上面写久了冻手，冻得没法了，就把在炉子上烤热了的砖头用布裹着拿在手里暖一暖，等暖过来再继续写。天底下有谁见过这样的大学！

王大珩对学生很严，你可以不懂，但不可以装懂。你可以做得不对，但不可以不认真去做。如若让他发现在学习上要滑头或在实验中应付的情况，那他是绝不会轻易放过你的。他最痛恨的就是不诚实和不踏实。

印象最为深刻的莫过于考试了。王大珩考试绝对地与众不同——物理考试出作文题！

考试时，王大珩只在黑板上写下三五道论述题目，然后宣布几条：1.可以任意选择其中的一道题目；2.可以随便翻看物理书或学习笔记；3.可以在前两个小时交头接耳相互探讨研究。

学生们先是大喜，这么宽松的条件岂不等于白送？但仔细琢磨起来立时就傻了眼了：没有一道题能在书上找到完整的答案，答案是渗透在整本书中的，你无论选答哪道题都得吃透整个一本书！没有任何捷径可走，只好沉下心来努力往里钻，钻进去了，搞明白了，一篇学术论文也就写出来了。这时候心中就会豁然开朗，突然觉得学过的东西变得格外清晰，突然觉得那厚厚的一本书变得很薄很薄了。

这种方法对学生很有好处，对老师来说却很辛苦，对老师的要求也很高。首先是出题难。要想把题出得好，出得巧，就需要老师具有很敏锐的目光和很高的涵盖能力。其次是判卷难。判这种卷不同于打分，没有标准答案。老师得一篇篇地仔细阅读学生们的论文，从中了解他们各自对这门课程的掌握程度。且不说对每一篇论文作出分析评价要耗费多少心血，单是一下子阅读几十篇论文就要花费多少时间？！

不知道王大珩那几年是怎么干过来的。管着光机所的科研工作，兼着光机学院的院长，还担负着教授一门主课的任务。只知道他常常利用出差时间在火车上备课，下了火车就直奔教室，给等候在那里的学生上课。

长春光机学院创办后不久就办出了名声，《光明日报》《吉林日报》相继发表文章加以赞扬。朱德委员长、董必武副主席等都前来视察，并给予了充分的肯定。到"文革"前，长春光机学院已经小有名气，一度被人们盛赞为"小清华"。

如今，享有"中国光学英才摇篮"盛誉的长春光机学院已经发展成为一所以光电技术为特色，光、机、电、算、材相结合为优势，工、理、文、经、管、法协调发展的吉林省重点大学。更名为长春理工大学之后，这所学校仍旧作为我国光机人才的主要培养基地，不断地为光机事业培养人才，不断作出新的贡献。

最痛惜的学生蒋筑英

电影《蒋筑英》中有这样一个镜头：

王大珩正与许多人边走边谈，旁边打出了一行字幕：著名光学专家王大珩。

年轻的蒋筑英极有兴趣地挤在人群中看着王大珩，突然兴奋地回过头挥舞着手臂喊道："我就报王大珩了！"

此时出现了画外音：1962 年，蒋筑英报考了我国著名光学专家王大珩的研究生……

1982 年 6 月 15 日，夜。

北京友谊宾馆王大珩所住的房间内电话铃突然急促地响了起来。王大珩拿起电话，听到了一个令他震惊的消息：蒋筑英在成都病危！

愣愣地放下电话，一种不祥的预感紧紧地攫住了王大珩的心，他不安地在房间中踱步。突然，王大珩踉踉跄跄地转身冲出了房门，近 70 岁的老人竟连电梯都等不及一口气便爬上了五楼。五楼上住有长春光机所的人，他急于找他们了解蒋筑英的详细情况。

王大珩心里急啊。昨天，他刚与科学院的领导探讨了破格选拔蒋筑英做领导工作的事情。在向科学院领导详细介绍了蒋筑英的情况后，王大珩说："我想推荐蒋筑英来挑光机所这副重担。蒋筑英现在的职务虽然只是代理室主任，职称只是副研究员，但这都是由家庭和历史的原因造成的。蒋筑英是我最早的研究生，我了解蒋筑英，他是一个既有组织领导能力又有科研水平的难得人才。"经过研究，科学院领导已经基本接受了王大珩的建议，正准备对蒋筑英进行进一步的考察。没想到今天就传来了蒋筑英病危的消息。

气喘吁吁地跑到五楼，却仍然没有明确的消息。王大珩让人立刻与成都通话，请求他们一定要竭尽全力挽救蒋筑英的生命。电话终于接通了，但从那个遥远的地方传来的却是一个怎么也无法使他相信的噩耗：蒋筑英已经于几小时前病逝了。

话筒从手中滑落的一刹那，泪水便顺着面颊簌簌地滚落下来了。王大珩突然举起拳头一下又一下狠狠地敲打着自己的头，嘴里失声地喊道："这怎么可能？这怎么可能？！这是从哪里说起？这是从哪里说起啊？！"这个从不肯轻易落泪的人，今天，却为失去学生而怆然泪下。

那一夜，王大珩彻夜未眠，眼前不停地浮现出一个个不同的蒋筑英。一会儿是刚当研究生时的那个聪明而又沉稳的蒋筑英，一会儿是背负着沉重家庭包袱的那个艰难跋涉的蒋筑英，一会儿是人到中年的那个干练成熟但却日见憔悴的蒋筑英。这个孩子是太苦了，王大珩想到这，眼泪便止不住地流淌下来。

从 24 岁做他的研究生算起，蒋筑英已经在他的身边工作了 20 年了。他是看着蒋筑英从一个年轻学生成长为一个优秀的科学家的。20 年来，他在蒋筑英身上花费了许多的心血。他欣赏蒋筑英，但他从不肯轻易地表露出来。他心里知道，以蒋筑英的能力和学识来看，他早就应该承担起更重要的工作了，但是……

谁让他是王大珩的学生呢？做王大珩的学生是常常要吃一些亏的。

王大珩突然觉得有些悔，自己是不是对自己的学生太过于严格了？他依稀记起了一件往事，一件很早很早以前的事。那时候，蒋筑英正在读他的研究生，他给蒋筑英选定的课题是研究光学传递函数。光学传递函数是评价光学系统质量好坏的一种近代科学的新技术，这项技术的进展程度标志着一个国家光学设计和光学检测水平的高低。当时，我国在这个领域的研究基本上还是空白，王大珩希望蒋筑英能填补这项空白，希望蒋筑英能成为我国光学传递函数方面的专门人才。蒋筑英果然没有辜负王大珩的期望，他全身心地投入进去，经过 700 多个日日夜夜的刻苦钻研，终于研制出了一套先进实用的光学传递函数测量装置。这是我国自行设计制造的第一台具有国际先进水平的光学传递函数测量装置。1965年，王大珩让蒋筑英带着这篇论文参加了在上海召开的全国光学检验会议。当时，毋国光教授看了蒋筑英的论文后非常兴奋，他找到主持会议的王大珩连声赞道："这是个人才啊！"并立刻与王大珩商量要让蒋筑英在大会上作学术报告。听了毋国光的赞扬，王大珩心里自然十分高兴，但思量再三之后，他却决定不让蒋筑英在大会上发言了。王大珩说："他太年轻了，我不想把他一下子摆得太高。摆得太高了，容易头重脚轻，容易摔跟头。还容易给他造成不好的处境，与周围的人不好相处。还是让他一个一个台阶扎扎实实地往上走吧。"后来，大会按照王大珩的意见，安排蒋筑英在小组会上作了发言。小组发言后，蒋筑英的论文受到了与会者的普遍好评。但王大珩却对蒋筑英说："你刚刚做了一点工作，可千万不能有成就感，不能因此就认为自己有多么地出类拔萃了。你还年轻，这个领域里还有许多课题需要你去继续钻研，你得把标准定得更高一些。"王大珩不知道蒋筑英当时是否理解了他的苦心，但就是从那时起，蒋筑英果然开始一步一个脚印地在中国的光学传递函数领域作出了许多开创性的工作，最终成为了国内这一领域中著名的专家。看来自己对蒋筑英的严格要求还是对的，可是为什么心中还是有些悔呢？

　　也许是因为职称、待遇。王大珩从不为自己的事向组织上提任何要求，也不允许自己的学生在荣誉、待遇面前伸手。他对蒋筑英这一点是最满意的。蒋筑英一家四口常年挤住在一间十几平方米的小屋里，当所里准备调给他一套三室的房子时，他却要求把房子让给别人。他很诚恳地说："给我两间行不行？我的孩子不太大，眼下有两间就够了，所里需要房子的人太多，把宽敞的房子给更需要的人吧。"1979年，所学术委员会准备把蒋筑英破格晋升为副研究员。作为学术委员会主任，王大珩对提拔自己的学生历来十分慎重，但连他也认为蒋筑英已经完全具备了副研究员的学术水平。没想到问题倒是出在蒋筑英自己身上了，他竟一而再，再而三地推辞，甚至从国外写信给他专门来谈这件事。蒋筑英在信中说："还是先提其他的老同志吧，他们比我的贡献大！这样做对工作有利。"王大珩一下子明白蒋筑英的心思了，蒋筑英心里想的始终是怎样做才会对工作更有利！只要是对工作有利他宁肯什么都不要，宁肯牺牲自己的个人利益。王大珩深深地感动了，他赞赏蒋筑英的想法，也同意了蒋筑英的意见。可是现在他突然觉得自己是不是有些太亏蒋筑英了。过去，他总觉得蒋筑英还年轻，后面的路还很长，还有许许多多的机会，但今天，蒋筑英却突然走了，这在他的心中留下了许多永远无法弥补的遗憾。

只为蒋筑英争过一次，是争出国的名额。那是在粉碎"四人帮"后的不久，为了解决我国天文卫星X光望远镜的检测问题，所里决定派人去西德学习。在研究出国人选时，王大珩力主要派蒋筑英去。那时候，"文化大革命"刚刚结束，出国的人员很少，名额也十分有限，况且蒋筑英还背着父亲是历史反革命的沉重家庭包袱，但王大珩却一反常态地竭力坚持让蒋筑英去。王大珩说："这是一项在新的光学领域里进行探索的工作，必须要派业务水平高，接受能力强，责任心强的人去学习。我认为蒋筑英具备了这些素质，我认为他是最佳人选。"这件事使蒋筑英很感动，他没想到组织上第一次派人出国学习，就能轮到他这种出身的人头上，他很感激导师为他创造了这个机会。但王大珩却实实在在地说，他并不是因为蒋筑英是他的学生才推荐他，他不是给蒋筑英争，他是从整个光学事业发展的角度考虑才这样做的。后来的事实证明了王大珩的选择是对的，蒋筑英的确是个干实事的人，他到西德后的两个星期内，就掌握了所有的关键性技术，只半年时间就学成回国，在国内这种装置的建立中起到了重要的作用。

蒋筑英逝世后，他的事迹在社会上引起了极大的反响。中共吉林省委和中国科学院党组相继作出了开展向蒋筑英同志学习的决定。蒋筑英被誉为"知识分子的优秀代表"，成为全国知识分子学习的榜样。在开展向蒋筑英学习的活动中，王大珩含泪为自己的学生写下了《学习蒋筑英，开创科技工作新局面》的悼念文章。

许多年过去了，至今提起蒋筑英，王大珩心中还是觉得有些悔。每次去长春，老人都忘不了去看看蒋筑英的妻子，去看看那两个早早就失去了父亲的孩子。每次都不空手，或者拎去些水果，或者送去两盒月饼，或者是一点钱，虽不多，但饱含着老人那片真挚的情意。

无论怎样，依旧抹不去心中的悔。有时候，老人会突然长长地叹上一口气，没头没脑地说："唉，真是苦了他了。他那时大学毕业就拿那几十块钱，一直拿了十多年，家里负担又重，营养上、身体上太吃亏了。你说我怎么就……唉……"那一声充满了自责的长叹，听起来，令人心碎。

最尊敬的学生王之江

有人告诉王大珩，科学界对王大珩有个公论，说他是属于那种永远追踪前沿科学、有眼光、有魄力的科学家。王大珩很认真地听着这些评价，又很认真地想了想说："不完全是这样，我这个人思想里面还是很有些保守的东西的，所以有时候会因为我的近视而看不出某一新兴学科的前途。眼光不如自己的学生，不如年轻人的例子也是有的。"接着就很认真地举例说明。

王大珩举的是我国早期开展激光研究时的一个例子。他说，当时他的一个学生开始对激光领域产生了兴趣，提出了要研制红宝石激光器的设想。自己虽然不反对，还在解决其中的晶体与氙灯的结构设计中起到了重要作用，但没能投入更多的精力和力量开展激光方面的研究。这一方面是由于没有及时地看出激光发展的广阔前景，一方面也因为当时精力都集中在大型国防科研项目"150 工程"上了。后来，当这个学生研制出红宝石激光器之后，王大珩才意识到这一新兴学科具有很广阔的发展前景。

王大珩提到的这个学生，就是后来成为我国著名光学专家、激光专家的王之江。

王之江是王大珩的学生中是最著名的，也是在学术上贡献最大的一个。早在 20 世纪 50 年代，王之江刚刚毕业来到光机所的时候，王大珩就看中了这棵苗子。从那时起，王大珩就对王之江格外地倾心栽培。

开始时，王之江因为自己的学习成绩优异而傲气十足。他是搞光学设计的，因为缺乏实际操作经验，画的图拿到车间常常做不出来。车间找他问，他却理直气壮地说："我不管，我只管设计那几条线，做出来做不出来是你们的事。"为了培养王之江的动手能力，使他懂得理论与实践结合的重要性，王大珩干脆把王之江放到车间锻炼了一年，让他老老实实地从磨玻璃开始，学会磨出自己设计的那几条线。实践使王之江一下就开窍了。他明白了理论转化为实践的过程中总是会出现一些细微的误差，而这些问题是需要双方共同研究解决的。大家都说："就是从那以后王之江才再也不'牛'了。"

王大珩在王之江身上花费的心血最多，这甚至在当年留下的批判材料中，都可以找到王大珩悉心培养王之江的例证。

在一份光机所党委于 1958 年写的《整风后青年研究人员红专情况的变化》的材料中，有这样一段记载：

> ……所长王大珩对王（指王之江）的才干更是欣赏，视为宠儿。从苏联带回的最新的技术资料就给王一个人看。在他们看来，有才就有德。因而在五六年工资改革时，所长一再坚持把王评为八级助研（全所 1952 年毕业生中只有王一人是八级），过后又给他奖励，选他为省先进工作者，向科学进军的积极分子……

王之江是一个典型的学者型的知识分子，他不仅聪明好学，而且勤奋钻研。但王之江孤傲耿直，不善处理人际关系，很容易在纷繁的政治运动中成为目标。肃反时，王之江由于出言不慎，被认为有反动思想而受到了批判。这边还批着呢，那边王大珩就火了，他一气之下跑到吉林市委，找宣传部部长说他要以他个人的身份来担保，担保他的学生绝对没有问题！弄得一时间满城风雨。反右时，惯于坦诚直言从不包藏自己的王之江又捅了娄子，王大珩左袒右护，最后竟差一点把自己也折腾到了右派堆里。这些情况直到 1974 年，还在一份题为《关于王大珩同志的历史和表现情况》的上报材料中被提及。这一段是这样写的：

　　……（王大珩）在五反、肃反运动中认识模糊。
在整风反右运动初期认识较差，表现右倾。对一
些右派言论颇加赏识，一度在感情上同情某些右
派分子。

　　在对待激光的问题上，王大珩最初的确没有王之江看得
准，但具体情况还应具体分析。王大珩与王之江不同，王大
珩是所长，他的视野有时必须要限制在国家急需的项目上。
当时，光机所刚刚接受"150工程"的国防科研任务，这是建
所以来光机所第一次承担这样大型的尖端性的国防科研课题，
国家为此投入了大量的资金，寄予了极大的希望。王大珩不
能不把所有的精力都投放在这项工作中去。

　　再者，世界上大概根本就不存在永不失误的眼睛，不存
在永远正确的智者，真正的智者是指那些能及时发现误差并
迅速进行调整的人。卢瑟福和爱因斯坦都无一例外地犯过短
见的错误。卢瑟福最先敲开了原子的大门，但是他却没有看
到原子能广泛应用的可能性。他在1933年的一次演说中讲道：
"一般说来，我们不能指望通过这种途径来取得能量，这种生
产能的方法是极端可怜的，效率也是极低的。把原子嬗变看
成是一种动力来源，只不过是纸上谈兵而已。"爱因斯坦的回
答更具色彩。当记者问到原子能是否有可能被实际利用的时
候，他回答道："那就像夜里在鸟类稀少的野外捕鸟一样。"
他们都没能看出原子能时代已经近在咫尺了。可见，即便是

世界上最伟大的科学家眼光也会有出现误差的时候。重要的是能够及时发现并调整误差。当王之江研制出红宝石激光器后，王大珩立刻意识到激光是一门极有发展前途的新的光学领域。他当即就敦促王之江撰写文章，及时在学术刊物上发表。从此，王大珩开始密切关注和追踪激光研究领域。后来，在他的支持下成立了以激光为主攻方向的上海光机所。此后，他又和王淦昌先生共同向聂荣臻元帅建议，在上海光机所建立了世界上只有极少数国家（英、法、日）才拥有的强激光联合实验室。1989 年，他又与几位老科学家一起向国家提出了"开展我国激光核聚变研究"的建议，为我国激光事业的发展做了大量开拓性的工作。

如今，王之江已经成为中国科学院院士，成为我国著名的光学专家，成为我国激光事业最重要的奠基人之一了。作为老师，王大珩对自己这位成就卓著的学生所表示出来的尊重十分令人惊讶和钦佩。这种尊重是有目共睹的，它体现在师生共同出席各种场合之时，体现在先生与学生交往的言谈举止之中，也体现在老人人前人后对学生的高度评价和严格自省里。

难得一位先生对学生的尊重，王大珩的高尚也便在此了。

逼出来的学生姜会林

对学生来讲，导师的前瞻能力往往是决定性的。优秀的导师因其在科研领域中的敏锐眼光和对学生能力的准确判断，会不断地把学生推向前沿，迫使他们极大地发掘自身潜力，做出令他们自己也为之惊讶的创造性的成果。

姜会林是王大珩"文革"后带的第一批硕士生。他做硕士论文的时候，王大珩给姜会林出了三个难易不同的题目，让他从中选择一个。其中最难、最生僻的一个题目是《光学系统设计的经济效益问题》。王大珩对姜会林说："这个题目不太好搞，但很有意义，我倾向你选择这个题目，你自己再好好考虑一下。"

姜会林拿着这个题目憋了半年。这半年里，他与许多光学界的专家进行了探讨，竟没有一个赞同他搞这个题目。那时候，中国刚刚开始改革开放，经济效益对大家来说还是个很生疏的词。多数人的意见都是说这个题目没法搞。理由是，我们是搞技术的，不懂经济。连王之江都说："题目太大了，倒是有意义，但不好做。"姜会林本想多找几个人探讨，好给自己坚定信心，没想到这一来反倒是泄了气。他思量再三之后，下决心去找王大珩商量放弃这个题目，改做一个难度小一些的。

听了姜会林的陈述后，王大珩思索了很久。看得出来，他一直在心里仔细地掂量着这件事。后来，王大珩就对姜会林讲了很多的话。他说，他也是从研究生走过来的，以他的经验来看，发明与创造往往就寓于疑难工作之中，解决了所遇到的疑难问题，就有可能做出突出的成绩，就有可能从中获得知识和学问上的最大收益。他说，他认为在研究工作中，那种自始至终一帆风顺，与开始所料没多少区别的课题，虽然做起来容易，完成顺利，但因为起点低，所以极有可能从中所得甚微，从长远来看是没有好处的。最后，王大珩告诉姜会林说，他是考虑到姜会林的自身条件，才给他出了这样一个课题的。姜会林年纪比较大，参加工作多年，有很好的实践经验和理论基础，他认为，以姜会林的经历和能力是能够胜任这个课题的。他说如果换一个缺乏经历的年轻研究生，他就不会给这个题目。说罢，便用殷切的目光默默地望着姜会林。

姜会林无法拒绝了。但姜会林说，他当时真是硬着头皮把这个题目接下来的，回去后也是硬着头皮把这个题目做下去的。一年后，姜会林才把课题的基本论述方法、主要论点和公式搞出了一个大概的总体结构框架。

向导师汇报提纲的时候，姜会林突然觉得自己心中一点底也没有了。借着王大珩仔细翻阅提纲的机会，姜会林悄悄地观察着导师的表情，他注意到王大珩的脸上渐渐出现了赞许的微笑，心里这才稍微平静了些。没想到，王大珩看完稿子后竟激动得一下子站了起来，他一把拉住姜会林的手，兴奋地对秘书说："你看，我就知道他一定能做出创造性的工作！他这三个部分都很有意思，都有创造性的价值！"那一天，王大珩显得格外高兴，姜会林告辞的时候，他破例送下了楼，送到了院子里，又一直送到了大门口。走到大门口后，王大珩突然止住了步子，沉吟着说道："我考虑，根据你现在做出的成就，你可以参加一些国际上的交流了。明年有个国际镜头光学设计会议，我想推荐你去参加，把你的观点在会上讲一讲，介绍出去。"

那是姜会林第一次出国参加这样的国际会议。记得离开会只有一个多月了的时候，姜会林突然被告知因外汇无法解决而无法办理出国手续了。王大珩知道后十分着急，他认为这是一次难得的国际交流的机会，姜会林不应该轻易放弃，应该尽最大努力去争取。他立刻给吉林省领导写信请求帮助。姜会林拿着王大珩的信找了吉林省人大常委会主任，找了吉林省省长，找了吉林省外汇管理局、外办，终于把外汇批下来了。但这时候距离开会只有 20 天了。一般情况下，要在 20 天之内把去美国的一切手续办下来几乎是不可能的，但王大珩硬是帮助姜会林办下来了。他们直接给美国会议主席拍电报，请美方向驻华领事馆说明情况，因此很快就拿到了签证，终于使姜会林如期参加了这次国际性的学术会议。国际交流使姜会林开阔了眼界，扩大了视野，也使姜会林的研究成果得到了更广泛的认可。此后，在日本举行的第 13 届国际光学会议特邀姜会林前去做学术报告，并肯定了姜会林的文章是此项研究的"四大进展之一"。1985年，《光学学报》刊登了姜会林的文章。

最令姜会林难忘的还是他在王大珩的指导下做博士论文的经历。当时，王大珩看了姜会林的论文后，不仅在其中用铅笔写下了许多的批注，还给他写了一封长达六页的长信。虽然王大珩在信中肯定了姜会林的论文总体不错，但还是认为目前不能进行答辩。王大珩指出姜会林在关于"光学公差"这一章中所引用的一个观点在理论上有问题，需要进一步论证，让姜会林一定要亲自做实验证实一下。

对这一点，姜会林心里多少有些不以为然。因为他在引用这句话的时候，曾参考了国外很多的文章，而且大多是在光学界有一定影响的文章，这些文章的作者都是把这句话当作公认的正确论点，拿到自己的文章中加以引用的。姜会林私下里认为这句话不可能有问题，否则怎么会有那么多人都加以引用呢？而且，这句话的引用使姜会林省略了很多的工作，如果现在一定要亲自动手证实这个论点的话，就需要重新回过头去做大量的计算工作。姜会林不想这样做，他找了很多支持这一论点的美国人的资料送给王大珩看，希望导师能改变看法。但王大珩却坚决不同意。王大珩说："你不要看有很多美国人在理论上都这样说，就人云亦云。事实上，学术界常有不负责任地引用论点的情况。看到一篇文章中有了结论，就不肯自己再去费力证实了，大家都图省事把现成的拿来引用，结果造成一错百错的情况。科学是十分严谨的，容不得丝毫的怠惰。在科学上面没有任何捷径可走，只能老老实实地去做。"

无奈，姜会林只好老老实实地去从头论证，整整用了半年的时间才计算出了结果。这个结果使姜会林大大地吃了一惊，实践证明王大珩的分析果然是对的，原来引用的那个论点确实存在问题！姜会林在王大珩的指导下使这一问题得到了妥善的解决，并把自己得出的新的见解充实到了博士论文中。后来，正是这篇论文中有关光学公差部分所具备的独特的新论点引起了光学界的重视。美国出版的《光学领域100年来公差方面最有建树的60篇文章》一书中收录了姜会林论文中的这一章。而这篇文章之所以被录用，最主要的原因就是在于它否定了原有的定论，阐述了更新的观点。姜会林后来又把这个观点运用到实践中，并因此而获得了国家科技进步奖。

姜会林后来成为了一名出色的光学专家，担任了长春光机学院的院长。他说，他是被导师生生"逼"出来的。如果没有导师的严"逼"，他就不会走到今天，不会取得这么多的成就。他说，他从导师那里学到的何止是学问！

导师写给学生的一封道歉信

赵文兴是"文革"后王大珩招收的第一批研究生。赵文兴的情况与其他人有些不同，他是个地地道道的农村孩子，是凭着一股子劲儿从农村里闯出来的。赵文兴做梦也没想到，自己能一下子考上了王大珩的研究生。他对王大珩十分崇拜，几乎崇拜到了畏惧的程度。第一次见王大珩时，赵文兴从头到尾始终直挺挺地坐在那，紧张得连话都不会说了。王大珩每说一句话，他都赶紧记下来，诚惶诚恐地像个犯了错的孩子一样。

越是害怕就越是出错。1982年，赵文兴要去西德参加一个学术会议。临行前，他把准备在这个会议上发表的一篇文章拿给王大珩看。这篇文章的整个观点都是王大珩的，是王大珩在英国时就想到的问题，但一直没有机会去做，没有得到证实。王大珩把这个题目交给了赵文兴，赵文兴成功地做出并据此写出了这篇论文。在赵文兴看来，自己只是按照王大珩的指点做了些具体的实验工作，证实了导师的观点。所以在署名时，赵文兴就把王大珩的名字放在了前面。王大珩只看了一眼，就毫不犹豫地把自己的名字改到后面了。赵文兴是个实在人，回去后越想越觉得心里过意不去，就又把名字的顺序改了回来。定稿时，王大珩看到自己的名字又写在了赵文兴的前面,脸瞬间就沉了下来。他严肃地对赵文兴说:"学术文章的署名应该有科学的态度,不应该有长幼尊卑之分。这项研究从实验到论文都是由你来完成的,你的名字理所当然应该署在前面,请你不要再改动了。"说着就又把自己的名字挪到了后面。

后来,又是因为署名的问题王大珩朝赵文兴发过一次火。那是赵文兴做博士论文的时候,这篇论文也是基于王大珩的观点,由赵文兴做的实验,并写出了论文。因为其中存在着一些有可能引起争议的问题,发表论文时赵文兴心里很有顾虑,生怕这篇论文会给导师引来麻烦。经过与副导师反复商量之后,赵文兴决定不署王大珩的名字了,只以赵文兴自己的名字来发表论文。这篇论文发表之后,王大珩看了十分生气,他认为赵文兴在署名问题上缺乏严肃认真的科学态度,立刻把赵文兴叫来责问。

那一次。赵文兴可真是害怕了。见素来温文尔雅的导师朝自己发火,赵文兴吓得不知道该怎么解释这件事,越害怕就越难以解释清楚。事后,赵文兴越想越心里越窝囊,多少天都寝食难安,怎么也缓不过劲儿来。

没想到,过了不久,赵文兴突然收到了王大珩的一封信。打开一看,竟然是写给他的一封道歉信。王大珩在信上说,赵文兴的副导师已经把情况向他解释清楚了,是自己错怪了文兴同志,自己当时的态度过于激烈了,希望文兴同志不要多心,还请文兴同志多多原谅。信中还言辞恳切地对赵文兴的论文提出了许多修改意见……

　　捧着这封导师写给学生的道歉信，赵文兴心中百感交集。许多年过去了，赵文兴一直珍藏着这封信。每每提起这件事，赵文兴都会感慨地说，自己从导师那里学到的不仅是学识，更重要的是导师那严肃认真的科学态度和正直无私的高尚品格。赵文兴说，能做王大珩的学生是自己的幸运，做过王大珩的学生会终身受益。

第九章　晚年之光

从光学家到战略科学家

托马斯·亨利·赫胥黎曾说过一句名言："在科学界一个60岁的人的作为只会弊多利少。"

但王大珩在60岁之后，却由一个光学家，一个我国光学领域的学科带头人转变成为一个国家战略科学家，并以其敏锐的眼光和深刻的思考为国家高层提供科技发展思路，在我国发展高科技的许多重大决策中都起到了积极的推动作用。

王大珩的这一转变是从他到中国科学院工作后开始的。1980年，王大珩在中国科学院的学部大会上被当选为中国科学院技术科学部副主任。到技术科学部工作后不久，王大珩就发现了一个很重要的问题：具有最高科学咨询能力的中国科学院，竟很少发挥为政府决策提供科学咨询的作用。王大珩敏锐地意识到，这个问题一方面反映出政府部门对科学思

维在决策中所能起到的重要作用还缺乏一定的认识，不主动
向科研部门寻求咨询；另一方面也反映出中国科学院各学部
本身也缺乏咨询意识与参与意识，不主动向决策部门提供科
学咨询，致使咨询功能退化，导致所谓国家最高科学咨询机
构几乎变成了一句空话。

王大珩对此深感忧虑，他知道，科学咨询历来在国家决
策中占有极其重要的位置。他所了解的美国的国家研究委员
会、英国的科学政策顾问委员会和苏联的科学院都是各自国
家的最高科学咨询机构，一直在为政府提供科学思路，对许
多国家重大决策都产生过重要的影响。二战时期，王大珩在
英国就曾经听说过这样一件事：当时，英国的粮食有很大一
部分要依赖船只运进英伦半岛。但是，运输船经常被德军潜
艇击沉，这给英国带来了很大的困难，造成了极大的损失。
为了解决这个问题，英国政府向科学家征询意见。数学家们
依据数学中的概率原理提出船队与潜艇相遇是一个随机事件，
建议对船队编次、规模进行有机调整。英国政府采纳了数学
家们的建议，重新制定了运输方案，果然情况出现了极大的
好转，大大降低了损失率。据说，后来还由此而发展起了一
门新兴学科，这就是现在的运筹学。

这种科学成功地影响战争、影响政治的事例在二战时期
简直数不胜数。另一个也发生在英国的更具说服力的事例，
就是英国在战时设立的"蒂泽德委员会"。蒂泽德委员会是一
个空军防卫科学研究委员会，其宗旨是"研究如何最大限度

地利用科学技术知识以加强目前的防御措施，防止敌人的空袭"。委员会成员除空军部长 H·E·维姆伯瑞斯外都是清一色的科学家。主席亨利·蒂泽德爵士是化学家、大学校长。两个最著名的委员 A·V·希尔和布莱克特都是卓越的科学家。其中希尔是世界最著名的生理学家之一，1922 年曾获诺贝尔奖；布莱克特是物理学家卢瑟福的学生，当时只有 37 岁，后来也获得了诺贝尔奖。秘书 A·P·罗维是个年轻的科学家，他后来以英国战时研究机构中最著名、最有成就的无线电通信研究机构的总指挥而闻名于世。蒂泽德委员会被称为是历史上规模最小而效果最大的委员会之一。它在雷达的研究还只处于萌芽状态的时候，就果断地作出了研制雷达的决定，并为推进雷达的研制进程做了大量的工作。正是他们的努力，使得沃森·瓦特的雷达研制工作得以顺利地开展，使得英国在后来的大不列颠战争中抵御住了纳粹德国的疯狂空袭。

　　王大珩深知在当前世界进入高科技发展的时代，科学思维必将在政府决策中起到越来越重要的作用。到技术科学部后，他开始接触到许多涉及到国家各方面发展的问题，强烈的责任心使他如鲠在喉、不吐不快。而对科学咨询问题的思考又促使他下决心要打破这种僵局。王大珩想，如果我们改变被动等待咨询的态度，主动向政府部门提供信息、提出建议，就可以打破这个僵局。一来能及时为政府部门制定政策提供依据、拓展思路；二来也可以引起政府部门对科研咨询的重视，使他们看到科研咨询的作用，进而唤醒他们主动向科研机构进行咨询的意识。于是，王大珩率先在技术科学部提出了变被动咨询为主动咨询的口号，鼓励科学家结合工作中发现的重大问题，积极向有关政府部门提供情况，提出建设性的意见。很快，科学咨询便在科学院内部形成了风气。科学院把科学咨询纳入了议事日程，在各学部中都成立了科学咨询委员会，要求各学部积极主动地向政府部门提供科学咨询。使科学咨询工作逐渐引起了各方面的重视，对高层和决策机构产生了越来越大的影响。

这是王大珩从学科科学家到战略科学家转变的重要过程。从这时起，王大珩开始从局部思维走向全局思维，开始站在国家科学战略的高度，紧密关注世界科技发展的前沿，不断发现问题、研究问题，主动为政府、为决策机构提供科学咨询。

晚年之后，王大珩曾提出过很多有利于国家科技发展的建议，其中大多数建议都引起了决策部门的重视并最终被采纳：

1986 年，王大珩执笔，联合四位老科学家给邓小平写信，促成了推动我国科学技术全面发展的"863 计划"。

1988 年，王大珩作为全国政协委员，在第七届全国政协会议上提出了《应恢复政协中科协专组的意见》，后在会上得到通过，在政协中恢复了"文革"前的科协专组。

1989 年，鉴于国际上激光核聚变研究的新进展，王大珩与王淦昌共同向国家提出了《开展我国激光核聚变研究的建议》，此项建议得到有关方面的批准后得以实施。

1989 年，在王大珩的积极倡导下，成立了我国颜色标准委员会，最终制成了我国国家级的颜色标准样册，其间还为我国国旗制定了法定颜色标准。

1989 年，王大珩和 7 位学部委员提出了"成立中国工程技术科学院"的提案。1992 年，在中国科学院学部大会上，王大珩和其他五位学部委员（院士）联名再次向中央提出了《关于成立中国工程院的建议》。这一建议得到党中央和国务院的批准，工程界盼望已久的中国工程院遂于 1994 年正式成立。

1993 年，王大珩提出了加强原子、分子尺度上的纳米技术研究。

1996 年，王大珩与几位科学家联名建议并协调促成了设立在清华大学的单原子分子测控科学与技术研究中心。

2001 年，王大珩与 20 多位院士联名向中央上书，希望国家重视对大型飞机的研制。2003 年春天，再一次就此问题亲笔上书温家宝总理，恳切地提出中国要发展自己的大飞机，要以大飞机的研制发展带动众多领域的高技术产业和诸多基础学科的发展，大幅度地提高我国的科学技术水平。

2004 年，王大珩以九旬高龄回复《关于国家中长期科技规划发展纲要》的意见征求情况，为国家科技发展提出宝贵的意见和建议。

晚年的王大珩仍旧发挥余热，他始终紧密关注世界科技的发展前沿，密切关注科技发展对世界政治、经济格局带来的影响，站在这个高度积极主动地为国家高层决策提供科学咨询，在我国科技发展的许多重大决策中都起到了积极的推动作用，为我国科技发展作出了巨大的贡献。

能说出这种话的人是最伟大的人

19世纪的著名物理学家瑞利晚年时，他的儿子问他对赫胥黎所说的那句"在科学界一个60岁的人的作为只会弊多利少"的话有什么看法时，瑞利想了很久以后回答说："啊，我想如果你只做你所理解的事，不和年轻人发生矛盾，就不至于一定会像赫胥黎说的那样。"

赫胥黎之所以那样说，就是因为功成名就的科学家到了晚年之后，往往会故步自封，失去了对新事物的敏感，容易与新的思维发生冲突。所以瑞利说，他只做自己理解的事，不和年轻人发生矛盾。

曾获得过诺贝尔物理学奖的天体物理学家钱德拉塞卡在谈到瑞利的回答时说："我认为爱因斯坦、狄拉克和海森堡不会说出这种话来。爱丁顿肯定说不出这种话的。瑞利说的话中，含有某种谦虚的精神。……我认为在理解大自然的过程中具有某种谦虚精神，是持续进行科学探索的先决条件。"

能持续地进行科学探索是每个科学家的愿望，但能始终追踪世界科技发展的前沿，持续保持科学探索的能力其实很难。如果没有钱德拉塞卡所说的在理解大自然的过程中具有的某种谦虚精神，就不可能不断地学习，不断地汲取营养，永远保持活力。

科学界对王大珩有个公论，说他就是属于那种永远追踪前沿科学，有眼光、有魄力的科学家。说他之所以能始终站在科学前沿，就是因为他正如钱德拉塞卡所说，在理解大自然的过程中具有某种谦虚精神。

晚年后，王大珩为了让自己能掌握更多的信息不落伍，他甚至俯身向学生求教。有一次，王大珩的学生赵文兴来北京看望导师。师生俩亲亲热热地唠了一会儿后，王大珩突然对赵文兴说："有件事情我想请你帮助一下。"赵文兴不由得一时有点发愣，不知道导师有什么事情要自己办，也不知道自己有没有能力办。没想到，接下来王大珩竟十分诚恳地对他说："我有很多年对材料不接触了，在好多事情上不如你们年轻人了解得多，你现在是光材部主任，掌握材料信息的来源多，我想请你以后有这方面的新的东西，无论是新材料、新信息还是新工艺都能给我一份。让我也能多看一些，多了解一些。"说罢，又笑着补充道："年纪大的人有时候是需要向年轻人请教的。就是字要大一些，我这眼睛可是越来越不行了。"赵文兴默默地望着自己的导师，一种发自内心的崇敬之情油然而生。那一刻，这个山东汉子的眼睛突然湿润了。赵文兴说："能对自己的学生说出这种话的人，是最伟大的人！"

王大珩的另一位学生姜会林也有一件记忆深刻的事。80年代时姜会林正读王大珩的博士生，有天晚上去王大珩家里谈课题。进门后，姜会林见王大珩正在那里聚精会神地看书，看姜会林来了，王大珩就把书扣着放在桌子上，笑着问他："你猜猜看，我刚才是在看什么书？"姜会林猜了好一会儿也没猜到，王大珩就乐了，他笑着把书翻过来举到姜会林面前说："你看，是《BASIC 语言》。"看到姜会林惊奇的神情，王大珩感叹了一声说："很遗憾，我现在还是个计算机盲。我已经70多岁了，精通恐怕是来不及了，有时间就扫扫盲吧。"这件事给了姜会林很大的触动，他没想到德高望重的导师会为自己不懂计算机而苦恼，更没想到已年逾古稀的导师还能下决心从 BASIC 语言学起。姜会林说："导师之所以在晚年之后还能始终保持前瞻性的目光，总是言之有物，总是有新的东西，就是因为他从不故步自封，始终追踪前沿科学的发展，不断接受新事物。"

晚年后的王大珩很愿意帮助和提携年轻人。现任科技部部长的曹健林当年博士毕业回国后，想申请"863 计划"中的几个光学方面的科研项目。他和两位也是刚从国外学成回国的年轻科学家一起去找王大珩，想请王大珩支持他们，帮助他们申请下来这个项目。当他们凭着一股热情跑到王大珩的门口后却犹豫了。他们自忖三个人都不是王大珩直接带出来的学生，与王大珩都没有太深的接触，他们拿不准这样贸然闯去找王大珩是不是太唐突了，担心以王大珩的名气，肯不肯会见他们这几个无名小卒？还担心即便是会见了他们，以王大珩的高龄，能不能有耐心听他们的阐述？更担心即便是耐心听了阐述，以王大珩的身份，愿不愿意支持、帮助他们这几个年轻人？他们在王大珩的门前一圈又一圈地转着圈子，一遍又一遍地给自己打气，很久，才鼓足勇气忐忑不安敲响了王大珩的门。进王大珩那个门之前，曹健林他们以为自己把一切都想到了。但当他们走进了王大珩的门之后才发现，竟有那么多的没想到在那里等着他们。他们没想到王大珩会那么亲切地欢迎他们，没想到王大珩会那么认真地倾听他们的阐述，没想到王大珩会那么耐心地了解他们的想法，没想到王大珩会那么真切地理解他们，没想到王大珩会那么热情地支持他们。最最令他们没想到的就是，王大珩在了解清楚情况之后，不仅十分痛快地答应帮助他们，而且当即就提笔给他们写了五封推荐信！揣着那五封推荐信，曹健林他们就像是怀里揣着一把火。他们申请的这个有关 X 射线膜层方面的研究课题，人家花了几十万都没有搞出来。曹健林说："我只要 1 万元，保证把这个课题做出来！"结果，他们真的只用 1 万元就把这个项目拿了下来。曹建林也因此成为了我国 X 射线膜层领域的专家。

2005 年，第 20 届国际光学大会在中国长春召开。90 岁高龄的王大珩以大会名誉主席的身份在开幕式上发表讲话。王大珩操着流利的英语，一口气讲了 40 分钟的话，介绍了中国光学的发展和近年来在应用光学和光学工程方面取得的重要成就。他的讲话思维敏锐、头脑清醒，拥有的知识与国际光学技术完全同步，使在场的所有人都为他的讲话所折服，外国同行们纷纷竖起大拇指，表达他们对这位科学老人的钦佩和尊敬。

请不要叫我"中国光学之父"

20世纪90年代初，科学界的同仁为王大珩举办了一场庆祝王大珩教授从事科研活动55周年的座谈会。

尽管王大珩一再叮嘱大家不要太过声张，要尽量缩小参会人员范围，但消息却不胫而走，迅速传开了。虽然只发出了为数不多的邀请，虽然临时又把会址从醒目的科学会堂改到了偏远的友谊宾馆，但人们还是络绎不绝地循着消息找到了这里。其中许多人都是不请自来，一听到风声就立刻放下一切兴致勃勃地赶来了。

来的人很单一，几乎全是清一色的科技界朋友。但又很杂，差不多囊括了科技界方方面面的代表。时任全国人大常委会副委员长卢嘉锡、中国科学院院长周光召、国防科工委主任丁衡高和中国科协主席朱光亚等科技界著名人士来了，国家科委和中国科学院等科研领导单位的代表来了，中国科协和中国光学学会等学术团体的代表也来了，甚至连北京大学、清华大学等一些高等院校的代表都赶来了。

也许是第一次，这些科学界不同领域的人能有机会聚集在一起共同面对这个老人，共同谈论这个老人。一个接一个的即兴发言，逐渐向人们展现出老人一个又一个不尽相同的侧面。这些发言都是很随意的，每个人都只是根据自己的了解，从一个侧面来评价老人在某个方面的功绩。但是，当这些评价集中在一起的时候，当老人的形象完整出现的时候，几乎所有在场的人都大大地吃了一惊。人们突然发现在此之前他们从未这样全面地看过这个老人，人们突然发现这个老人竟能同时在诸多科学领域中都作出了突出的贡献！这些领域有：

光学领域；

激光领域；

精密机械领域；

仪器仪表科技领域；

计量科学领域；

标准化技术领域；

国防科技领域；

空间遥感技术领域；

信息技术领域；

高科技产业化领域；

教育领域；

科普领域。

以上这些仅指他深入其间并做了很多工作的领域，还不包括只简单介入或只关注其发展并为其呼吁过的那些领域。

在一片惊叹声中，卢嘉锡说："我觉得是不是可以这样讲，凡是跟高精有关系的，我看大珩同志总是要插一手，不只插一手，而且做出了成绩！"

时任中国科学院院长的周光召激动地概括说："我想，可以这样说，大珩先生是我们国家光学、机械行业之父！"

话音未落，王大珩突然从座位上站了起来。"不，不能这么说。"王大珩声音不高但却十分恳切。他说："我不敢当，实在是不敢当。在我的前面还有严济慈先生、钱临照先生、龚祖同先生。"

2009 年 12 月，召开中国光学科技馆论证会。此时王大珩已经 94 岁，不能出席会议，便委托他的秘书蔡恒源给会上带来了一份特别的嘱托。王大珩让蔡恒源转告大家，说自己这几年虽然身体不太好，但一直关注着中国光学事业的发展，只是有件事他始终放心不下，就是很多人都把他称作是"中国光学之父"或"中国光学泰斗"。王大珩认为这样不妥。他说："把我称作中国光学事业的'开拓者'或'奠基人之一'，我还可以接受，但如果说我是'中国光学之父'，那我的老师严济慈、叶企孙，你们怎么称呼他们？所以请不要再叫我'中国光学之父'了。"王大珩说："我是时代的幸运儿。所有经历的事件和变迁，都是在国际形势的大环境中，在经济建设需求的促进和推动下形成的，并不是我个人的功劳。"

　　王大珩多次恳辞"中国光学之父"的头衔，显示出他过人的谦逊精神和崇高的人格风尚。

梦回昂昂溪路

　　2011 年 7 月 30 日清晨，长春这座城市早早就醒来了，人们奔向车站，默默地在站台上等待，等待着北京开来的那列载着王大珩先生部分骨灰的列车。

　　7 月 21 日，王大珩在北京逝世，只 9 天他就匆匆地赶回来了，回到了这个他居住了 30 年的城市——长春。王大珩对长春有着特殊的感情，这里是他起步的地方，也是中国光学事业起步的地方，这个城市成就了他，他也成就了这个中国的光学之城，王大珩的名字将永远与这个城市联结在一起，他是这个城市的骄傲。

　　人们簇拥着载着王大珩骨灰的轿车来到了昂昂溪路，在这条有着美丽名字的小路上，坐落着一栋远近闻名的日式建筑——"王大珩小楼"。小楼因王大珩在这里长期居住而得名。虽然这座小楼如今早已经改作他用，但人们始终改不了口，一直把这里叫作"王大珩小楼"，习惯的称呼中透着无尽的怀恋。

长春理工大学的学子们聚集在"王大珩小楼"前，缓缓地展开了一幅黑底白字的横幅，上面写着：

敬爱的大珩先生，长春理工大学师生迎接您回家。

王大珩回家了，回到了他起步的地方。这里有他亲手创办的光机研究所，有他亲手创办的理工大学，有追随他开创中国光学事业的许多同仁、朋友、学生。

今后，王大珩再也不会离开这里了。他将永远守在这里，以殷切的目光注视着后人，注视着中国光学事业的发展，注视着他所深爱的祖国走上科技强国之路。

王大珩期待着。